Um Memoir: Curando Feridas Emocionais da Infância em Adultos

Uma Viagem ao Amor de Deus

Um Memoir:
Curando Feridas Emocionais da Infância em Adultos

Uma Viagem ao Amor de Deus

Bruce Brodowski

Primeira Edição de Fevereiro 2015

Revisão-Segunda Edição de Dezembro de 2015, Tradução 2018

ISBN:- 978-0-9826581-5-4:

Designer de Capa: Lisa Hainline da Design de Livro Lionsgate
http://www.lionsgatebookdesign.com Design
Editor: Karen Alley
http://karenalleywriting.com
Coordenador Editor: Lisa Lickel Publicações
http://www.lisalickel.com
Consultor: Pastor Harold Martin, Lake Marion Christian Fellowship
Traduzido por Matheus Ryan da Silva Santos
Design Interior: Bruce Brodowski
Imagens e obras de arte, cortesia de shuttersticj_89664067.jpg; http://www.clker.com/clipart-3292.html

Carolinas Ecumenical Healing Ministries
www.transformationalhealingministries.net

Agradecimentos

Em primeiro lugar, eu gostaria de agradecer a Deus por seu amor incessante ao me ver através da minha jornada, dando me sabedoria e inspiração para escrever esse memoir.
Gostaria de agradecer à minha editora de desenvolvimento Karen Alley, por sua paciência durante os meses trabalhando comigo para afinar a sintonia de transições de cenas e fluxo do manuscrito. Sem ela, este memoir nunca teria sido possível.
Agradeço à editora de cópia final Lickel Lisa, por seus discernimentos e recomendações que ajudou a finalizar o conteúdo final do livro.
Por último, agradeço à minha esposa Ellen pela contribuição de sua experiência em secretariado e pelas muitas horas que passou revisando.

Menções

A História de Bruce irá atraí-lo a sua jornada, ajudará você a compreender a si próprio e a encontrar a cura durante o caminho.

Reverendo Russ Parker,
Curando Igrejas Feridas

Curando Feridas Emocionais da Infância expõe de forma exclusiva, não só a causa raiz dos ferimentos, mas também mostra o caminho para a cura. Em seu livro, Bruce retrata com muita precisão a causa raiz do ferimento emocional como Pensamento Orfão. Ele mostra que o Pensamento Órfão - desenvolvendo um Coração Órfão - resultaram de mentiras que ele aceitou como verdade quando qualquer ferida emocional aconteceu em sua vida.

Pelo génio do formato do memoir, Bruce mostra vividamente o resultado do pensamento órfão através da transparência de suas experiências pessoais de vida. Enquanto você segue Bruce através de vários estágios em sua vida, você verá a dolorosa realidade de "Qualquer coisa que acreditarmos que seja verdade, será verdade para nós, até mesmo que isso seja uma mentira. "

No entanto, ao contrário de muitos dos livros que li sobre este assunto, Bruce não deixa você com uma definição e alguns exemplos. Ele mostra que a única verdadeira resposta para este problema enorme. Bruce compartilha como sua revelação pessoal do amor do Pai o trouxe das profundezas do Pensamento Órfão - Tendo um Coração Órfão - e é progressivamente apontado para ele nas profundezas da Filiação – vivendo a vida como um filho que sabe experencialmente que ele é profundamente amado pelo Pai.

Harold Martin
Pastor, Lake Marion Christian Fellowship -
Professor e Membro da equipe de Siló.

Tabela de Conteúdos

PARA O LEITOR

Esta é a minha história, e eu tomo plenamente toda responsabilidade que este memoir é a minha própria construção, com base nas minhas próprias memórias bem como a informação adquirida mais tarde na vida. Eu contei a história da minha vida como eu me lembro com o melhor da minha capacidade. Eu sei que nem todos veem o mundo através dos meus olhos, mas eu tenho feito o melhor para escrever a verdade como eu a vejo. Eu não posso decidir o que é verdadeiro para outros. A minha intenção é a de partilhar a história que eu conheço.

Admito que algumas das minhas memórias se tornaram borradas ou embaçada com o passar dos anos, e alguns se misturam na linha do tempo. No entanto, tentei permanecer fiel aos fatos. Nenhum dos personagens foram inventados, embora alguns nomes e locais foram alterados por razões de privacidade e proteção.

Prólogo

Esta é a minha história, mas poderia muito bem ser a sua também, ou alguém que você conhece. Todos nós temos as nossas próprias jornadas únicas na vida, você sabe. Então por que ler a minha jornada? Só porque aconteceu de eu ir do Estado de Nova Iorque, para Pennsylvania, para Florida, Texas e Carolina do Norte, com muitos altos e baixos ao longo do caminho, a fim de quê? Quem realmente se importa?

Eu tenho a sensação de ter sido chamado para escrever este memoir. Abrindo a mim mesmo e partilhar as minhas feridas emocionais da infância não é um processo fácil, mas é algo que eu sinto que possa ajudar os outros. Nesta fase da minha vida, parece que é a coisa certa à se fazer. Agora, como um idoso trabalhando em tempo integral no ministério de cura, tenho tempo para o fazer.

Depois há a família. A maioria já se foi, então eu me sinto relativamente seguro sobre as informações que divulgo.

Além disso, gosto de escrever. Mas parte de mim pensa que este será talvez o último livro que eu escreverei e quero que seja um livro significativo. O meu relógio psicológico urge como uma bomba relógio. Eu também sofro de doença cardíaca, que está no meu DNA desde todo o caminho de volta ao meu Avô. Eu posso cair morto amanhã, na próxima semana ou no próximo mês. Se Deus quiser, poderia ser daqui dez anos ou mais, mas por não saber, tem produzido um estresse auto induzido, e a sensação de que devo escrever e compartilhar a minha história.

Enquanto eu crescia, meu coração falava, mas eu não estava escutando-o. Havia uma dor que eu não podia explicar. Eu ansiava por relacionamentos mais profundos e mais conexões mais significativas. Aquelas feridas emocionais da infância, conscientes ou inconscientes, plantadas, residem em minha mente. Eles envenenaram o lugar onde o amor ansiava para residir.

Eu estava constantemente procurando as respostas certas e o amor em todos os lugares errados. Eu acabei perseguindo afeições falsas e vícios desenvolvidos por álcool, sexo e tudo que provia gratificação instantânea.

Naquele momento da minha vida, eu fiquei muito sozinho, mas eu não compreendia. Eu não deixaria ninguém chegar perto de mim. Eu tinha medo de rejeição, medo de confiar em alguém, com medo de me deixar ser vulnerável.

Eu costumava usar o trabalho para preencher a minha necessidade de ser feliz. Eu estava sempre buscando a aprovação dos outros, trabalhando para fazer um trabalho perfeito. Eu constantemente questionado se eu pudesse ser mais feliz com um trabalho melhor, em uma cidade diferente. Contudo, com cada novo trabalho, cada deslocalização, não demorou muito tempo até que eu voltasse para a mesma rotina.

Então eu experimentei o amor do Pai. Não estou escrevendo este memoir como parte de uma busca de auto cura. Eu já alcancei um monte disso, embora isso seja um processo contínuo. Estou escrevendo este memoir na esperança de que através do compartilhamento de minha história, da minha jornada ao amor de Deus, você veja através das minhas lutas que você não está sozinho. Que deixando você entrar em minha vida, você veja uma forma de iniciar o seu próprio caminho para a cura.

Em nome de Jesus.

Parte Um
No início da minha infância

Capítulo Um

Penetração Profunda

Mesmo agora, muitos anos mais tarde, ainda me lembro a dor interna daquele dia em 1950, como um raio chocante de um desfibrilador cardíaco.

Acordo em uma cama molhada. Eu tenho cinco anos de idade. Estou muito velho para molhar a cama e eu ainda não havia feito isto durante um longe período de tempo. Mas ultimamente tenho acordado em lençóis encharcados.

Estou saindo do banheiro quando minha mãe entra no meu quarto. Eu fico lá, nú, com o odor de urina que permeia o ar. Eu já tinha colocado meu pijama molhado no funil do banheiro. À minha frente estava minha Mãe e a porta da sala. À minha esquerda estava a minha cama molhada. Escapar é impossível. A minha mãe não aguenta mais.

"O que você fez?" Ela grita. "Por que você está fazendo isso?" Ela aponta o dedo para o local molhado.

Ela corre para a cozinha e volta com uma faca grande de açougueiro.

"Eu vou cortá-lo, você escute-me!"

Uma dor aguda sacode no interior de meu peito. Gritando de

medo, pego meu precioso piu-piu. Meus pés batiam ritmadamente no chão de madeira maciça, um de cada vez, ressoando como tambores da selva, batendo uma rápida mensagem de pânico. O meu corpo começa a tremer incontrolavelmente. Entre suspiros de ar, eu soluçava, "N-n-nããããããããooo, mamãe, não."

Por que a mamãe está tão zangada? Eu não consigo evitar que eu não acorde para ir fazer xixi.

Mas esta não foi a primeira vez que eu encontrei a sua ira. O ano anterior nós estávamos vivendo em um pequeno apartamento no piso térreo de uma casa de dois andares na Erie Street em Utica, Nova Iorque. Logo do lado de dentro da porta da frente, estava o sofá da minha mãe, um de seus bens valorizados, e o local do desastre da minha máquina de escrever.

A minha máquina de escrever de brinquedo tinha discador de borracha com letras. Usava um vaso de tinta líquida para aplicar tinta para cada letra individualmente. De alguma forma, eu acidentalmente derramei aquela tinta no bom sofá de minha mãe. Isso fez com que aqueles fosse um dos meus melhores dias. Eu não me lembro se ela alguma vez conseguiu tirar aquela mancha de tinta daquele tecido, castanho escuro do sofá. No entanto, as consequências do meu encontro com a minha mãe furiosa fizeram uma impressão duradoura. Obviamente minha mãe aprendeu suas táticas de criar filhos á partir de suas próprias experiências no bosque de meu avô.

Em minha memória do dia em que minha mãe não poderia aguentar mais a minha cama molhada, ainda segurando o meu piu-piu, eu estava com muito medo do que iria acontecer á seguir, lembrando daquele dia fatal do derramamento de tinta.

"Se você não parar de molhar a cama, vou cortá-lo", ela gritou. "Você entendeu?"

Então ela sair para fora do quarto, provavelmente para se acalmar.

Dei um suspiro de alívio, sorte para o indulto até um momento posterior. O meu corpo finalmente parou de tremer e minha respiração voltou ao normal. Falta de ar diminuiu.

Mãe desapareceu de volta para a cozinha.

Com ninguém lá para me ajudar, eu levei a minha manta de cor azul escuro com brancos veleiros e enrolados sobre o chão da sala, ver televisão com o cobertor mácio acariciando minha pele. O motor do Avião do Rei do Céu estava em chamas e ele ia bater e explodir. Se só houvesse uma maneira de salvá-lo.

Se apenas houvesse alguém lá para me salvar. A dor de uma ferida interna profunda permanece, e foram eventos como esse que fizeram cicatrizes profudas começarem. Uma ferida enterrada nas catacumbas do subconsciente, apenas para atormentar silenciosamente a alma. Os pais devem refletir o amor de Deus aos seus filhos, não devem? Isto é, se Deus realmente existisse. Era algo que eu questionava mesmo naquela idade jovem. Eu disse a mim mesmo que minha mãe estava fazendo o melhor que ele podia. Além disso tudo, Papai não estava ao redor para mostrar-me o que o amor de Deus parecia. A palavra "amor" não fazia parte do nosso vocabulário naquela casa.

Eu não sei o que minha Mãe fez quando ela estava na cozinha. Só posso imaginar que ela chamou sua irmã Helen. Elas eram muito próximas.

"Helen? É Maryanne. Você não vai acreditar que eu acabei de fazer."

"O que foi?"

"Eu acabei de ameaçar cortar o pênis do Bruce com uma faca de açougueiro", minha mãe chorava, horrorizada com si mesma.

"O-o quê? Por que você fez isto?"

"Ele molhou a cama novamente e eu não aguentei. A quanto

tempo isso ainda vai continuar? Eu não agüento mais. Eu não sei o que fazer em relação a isso. Ele ficou apavorado. Eu me sinto tão terrível."

"Ele está bem?"

"Eu acho que sim. Ele está na sala assistindo televisão."

"Eu tenho certeza de que ele está bem. Mas estou preocupada com você. Já ouviu falar dos seus resultados de laboratório?"

"Câncer", disse Mamãe, tremendo. "Câncer de Mama".

Algum tempo após esse incidente, embora eu não saiba que mês ou até mesmo ano, lembro-me de estar sentado na cama no Hospital Faxton. Minha Mãe me trouxe aqui e então voltou para a casa. O que estava acontecendo? Eu estava confuso.

A enfermeira me virou e enfiou algo em minha bunda. Ouvi uma palavra desconhecida, "enema". Minhas entranhas estavam se agitando. Eu vi outras camas em minha volta com outras crianças e no meio havia uma escrivaninha de semicírculo com uma gaiola de vidro. Uma enfermeira estava ali, olhando para todas as camas. Eles traziam um carrinho e moviam-me de minha cama para o carrinho, empurrando-me para um quarto grande. Eles me deitaram sobre uma mesa com uma enorme luz sobre mim. Pessoas com máscaras em seus rostos estavam ao meu lado e alguém colocou uma máscara no sobre meu rosto.

"Respire fundo," disse a pessoa.

Eu fiquei atordoado. Então a próxima coisa que eu soube era que eu estava acordado mais uma vez, doente no meu estômago. Eu vomitava pedaços de mau cheiro de algo. Alguém disse que é do éter. A partir daquele dia, eu não mijei mais na minha cama.

Capítulo Dois

Nova Hartford

Antes do câncer da minha mãe em 1950, e após o incidente do sofá, ela comprou uma casa que havia sido recentemente construída ao meio de uma colina íngreme na Sanger Avenue em Nova Hartford, Nova Iorque. Na parte inferior estava o colégio e o ensino médio. Havia um cruzamento de uma quadra ácima com uma via lateral que levava até a merceária do Kazanjian até á Igreja Católica. Era uma excelente localização, próxima de escolas, da igreja, de um supermercado e do centro de Nova Hartford. Além disso, um ponto de ônibus da cidade ficava na esquina da casa.

Nova Hartford era uma pequena cidade exótica com antigas ruas alinhadas por árvores, e bairros acolhedores. O parque da cidade tinha um grande terraço branco para concertos de bandas no verão. Lá haviam também mesas e cadeiras preparadas para os encontros sociais de sorvete. Eu me lembro de ir lá de vez em quando para ouvir a banda e comer bolos e sorvete. Risos e aplausos de pessoas felizes enchiam o ar.

Havia uma farmácia do outro lado da rua que tinha uma grande variedade de doces. Ela tornou um dos meus lugares favoritos para visitar. Logo abaixo da rua havia o homem do sorvete com sua barraca de sorvete. Ele costumava servir sorvete de baunilha em um cone, virá-lo de cabeça para baixo, mergulhá-lo no chocolate e cobrir com nozes antes que o chocolate endurecesse. Uma mordida, e o chocolate se quebraria em folhas finas. Então o sorvete frio enviaria dores agudas por trás de seus olhos, anceiava ainda pelo congelamento do cérebro que vinha ao comer o sorvete. A baunilha era doce, suave e cremoso. Oh, que deleite em um dia quente de verão. Pessoas andavam por blocos apenas para desfrutar os sorvetes cobertos de nozes e chocolates de sorvete no cone.

Logo depois da barraca de sorveteria, estava a loja de móveis da Wanamaker. Nos fundos da loja ficava a fábrica onde faziam todos os móveis que vendiam. Fiquei fascinado com o processo de fabricação de móveis.

A nossa casa era uma casa pequena de um quarto só, mas era o suficiente para mim e para minha mãe. Tínhamos uma garagem separada e uma cozinha com espaço suficiente para uma pia, um balcão, um fogão a gás de três bocas bem pequeno, uma geladeira e uma mesa pequena. A sala de estar era grande o suficiente para um sofá com uma cama embutida e um radio antigo da Philco com toca-discos. Mamãe dormia na cama embutida. O quintal era grande, inclinado e cercado. Ao longo da cerca de trás haviam arbustos de framboesa e amoreiras.

Compramos a nossa primeira televisão quando eu tinha cinco anos de idade. Eu já não tinha mais que ouvir ao Patrulheiro Solitário no rádio. Agora eu já tinha visto meu herói na TV, como ao Capitão Midnight, Super-homem, e Howdy Doody. Lá haviam desenhos animados como Pernalonga, Pato Donald, Hortelino Troca-Letras e o pessoal. Também adorava ocidentais como Roy Rogers, assim como o Rei do Céu. Eu frequentemente sonhava em me tornar um piloto, e ainda sonho. Ser livre como um pássaro e voar como uma águia.

Quando era hora de eu começar a ir para a escola, minha Mãe me registrou no jardim de infância. O que isso significava, eu não sabia. Era uma daquelas situações na vida quando sua mãe diz, "Este é o que você tem a fazer ou então", e só isso. Eu nunca tive a oportunidade de descobrir o que o "ou então" era.

Eu andei com a minha vizinha, Sue Wanamaker durante vários blocos até o ponto da escola perto do centro de Nova Hartford. Descobri que tínhamos hora de brincar e hora de dormir. Até aí tudo bem, eu posso cuidar disso, eu pensei.

Minha professora do jardim de infância mandou um bilhete para minha mãe. Naquele bilhete, ela elogiou minha ingenuidade durante a hora de brincar. Eu havia pegado blocos retangulares de construção e construí as laterais e a dianteira de um avião. Então construí assentos para as crianças sentarem. Nós então fomos em um passeio imaginário comigo no assento do piloto. Minha professora ficou impressionada, mas eu realmente não achava que era uma grande coisa.

Chuck não pensava também.

Chuck Schoenley vivia em cerca de uma milha depois da minha casa no sentido oposto ao da escola. Ele vinha para a minha casa durante a manhã e encontraria comigo e com Sue para caminharmos até a escola, e todos nós caminhávamos juntos para casa. Chuck e eu nos tornamos melhores amigos.

Em seguida, veio a classe do primeiro ano da Sra. LePage. Agora, escola era algo muito mais do que horário de brincar e de dormir. Tínhamos leitura, escrita, aritmética, artes----o de costume. Durante aquele ano, tive um desempenho satisfatório em todas as matérias; apesar de eu ter faltado dezenove dias e meio de presença.

Aquele foi o ano em que eu voltei para casa da escola e encontrei minha avó e minha tia esperando por mim.

Nova Hartford

"Onde está a Mamãe?"

"Brucie, ela está doente," disse minha avó. Minha tia estava ao seu lado, segurando as lágrimas. "Ela está no hospital. Ela tem câncer de mama."

"Quando será que ela vai voltar para casa?"

"Em poucos dias."

Esta foi a primeira vez que eu ouvi que minha Mãe estava doente. Eu nem mesmo sabia o que câncer de mama era, ou o que aquelas palavras significavam. Meu eu de seis anos de idade imaginou que quando ela voltasse para casa, ela ficaria bem.

Mas aquela visita ao hospital foi apenas a primeira de muitas. O câncer de mama da minha Mãe dominou a sua vida, com visitas constantes ao consultório médico, cirurgias e tratamentos de radiação dentro e fora do hospital que a deixavam doente. O câncer consumiu o foco dela em sua vida diária, bloqueando qualquer pensamento sobre o nosso futuro. Minha avó e todas as minhas tias contribuíram para ajudar a minha mãe comigo.

O meu professor do segundo ano escreveu no meu relatório, "Bruce não deverá ter nenhum problema no terceiro ano. Ele está bem ajustado. Eu tenho desfrutado dele." Minha professora do terceiro ano, Sra. Garbus, escreveu no meu relatório "Bruce tem hábitos de trabalho muito louváveis, mas nem sempre presta atenção. Eu desfrutei do Bruce em minha turma este ano." Então veio a classe do quarto ano da Sra. Moorhead. Ela escreveu em meu relatório, "Eu acho que Bruce pode fazer um trabalhor melhor. Ele é descuidado. Ele desperdiça tempo na escola. Um sonhador." Sob as observações dos pais, minha tia Helen escreveu na décima semana, "Por favor, ajude Bruce. Sua mãe é uma muito doente."

Capítulo Três

Pai

EU nunca conheci meu pai, Edward Brodowski. Ele era um comandante de tanque que foi morto na segunda guerra mundial. Nunca pareceu tão importante para mim.

"Brucie, tenho algumas coisas para te mostrar," minha mãe me disse um dia, com naturalidade. Sentei-me na beira de mnha cama. Ela ficou de pé em uma cadeira, estendeu a mão, tirou um tabuleiro quadrado do teto e trouxe uma caixa do armazenamento do sótão.

"Eu vou apresentá-lo ao seu pai," ela disse.

Talvez sabendo que ela estava lutando contra o câncer de mama fez com que minha mãe sentisse que ela devia contar sobre o meu pai. Afinal de contas, de quem eu iria aprender, especialmente quando ela se fosse?

Mãmae arrumou até o fim de uma pilha de fotos. "Aqui está uma foto do túmulo dele em Margraten, Holanda. Aqui está uma foto dele em seu uniforme. Veja, você parece com ele. "

Então ela trouxe um rifle alemão de oito milímetros, uma lembrança da guerra, junto com sua placa de identificação e alguns pedaços de estilhaços muito afiados. "Isto é como o estilhaço da projétil que o matou," ela disse. "Ele dirigiu até uma cidade e virou na esquina. Um tanque alemão estavado outro lado e atirou um projétil. O projétil acertou o tanque do seu pai na torreta do tanque." Ela me mostou as medalhas dele e uma bolsa de papel cheia de suas cartas. Abrindo as cartas, lágrimas escorreram lentamente até as suas bochechas. Foi muito doloroso para ela. E foi assim. Ela não conseguia me dizer nada mais sobre o pai que eu estava doido para conhecer.

No entanto, por ele ter dado sua vida pelo nosso país, eu nunca experimentei os braços do meu pai ao meu redor, me segurando, brincando comigo, e me amando. Sempre imaginei como seria. É uma sensação confortante? É uma alegria exuberante? Como cócegas, beijos, porque ele deu sua vida para o nosso país, eu nunca experimentei braços do meu pai ao meu redor, me segurando, brincar comigo e me amar. Sempre imaginei que seria. É confortante afirmação? É exuberante alegria? É cócegas-cócegas, beijos, minha barriga treme com mais beijos, riso, pega-pega, está com você, você não pode me pegar pai, carinhos quentes e mais beijos? Certifiquei-me de que minhas filhas não foram privadas disso quando eu estava em casa.

Minha mãe nunca se casou novamente, e além disso, ela não era uma pessoa demonstrativa. Assim como seu pai e suas irmãs, ela não era de abraçar, de dizer "Eu te amo". Não sei se era parte de uma cultura polonesa fria ou apenas o impacto da guerra. Todos eles pareciam emocionalmente distantes. Você só devia saber que eles te amavam sem uma afirmação verbal.

Minha mãe fez o seu melhor. Mas sem um pai, faltavam coisas na minha infância. Por exemplo, eu não tive ninguém para me ensinar a praticar esportes, ou fazer outras coisas de "garotos". Em vez disso, minha avó me ensinou a como fazer crochê e segurar os fios para tricotar.

Em um ano, no Natal, eu ganhei uma vara de pecas e um jogo de futebol elétrico. Não me lembro de ter pedido esses presentes ao Papai Noel. Por quê eu faria isso? Eu já tinha descoberto que a pessoa que estava na roupa do Papai Noel era o tio Pete. Então, aqui eu tinha um jogo de futebol elétrico que não me interessava. Ninguém nunca me ensinou a como jogar futebol, ou até mesmo me explicou sobre qualquer coisa sobre isto. E quanto a pesca, acabou se tornando um fiasco.

Tio Bob decidiu levar-me para pescar com ele. Talvez Mamãe o ajudou à tomar essa decisão. Um dia, quando a primavera havia esquentado, fomos para um riacho. Tio Bob me deu uma lata de minhocas e minha vara de pescar.

"Coloque uma minhoca no anzol e lance a linha," ele disse.

Então ele caminhou até o leito do riacho, deixando-me sozinho. Tentei descobrir como colocar aquela bendita minhoca no anzol. Eu a coloquei sobre uma pedra e a esfaqueei. Quando Tio Bob voltou uma hora depois, eu ainda estava tentando colocar a minhoca no gancho da vara de pescar. Nós saimos e fomos para casa.

Sr. Schoenley, pai do Chuck, tinha um grande lago em sua propriedade, não muito longe de minha casa. Todo ano ele estocava a lagoa de peixe e tinha uma competição de pescaria para as crianças em um de seus clubes, provavelmente Kiwanis. No ano em que eu ganhei minha vara de pescar, minha familia pensou que seria uma grande oportunidade para mim aprender a como pescar, então eles me registraram na competição. Enquanto eu ficava parado lá tentando descobrir sobre o que fazer, o garoto ao meu lado lançou sua linha. Ele imediatamente pegou algo. Era o lado da minha bochecha em seu anzol. Eu me mantive firme e fiquei pelo resto da manhã. Eu não consegui pegar nada. Eu só queria ir para casa. Minha bochecha doeu por dias depois disso, uma lembrança dolorosa de um tempo doloroso.

Capítulo Quatro

Dança e Amor

Foi também em torno da mesma época dos presentes da vara de pescar e o jogo de futebol elétrico que minha Mãe me fez ter aulas de dança e balé em um pequeno edifício vermelho da escola de balé no meio do caminho para o centro de Utica, na Genesse Street. Não me lembro de ter dito, "você sabe, mãe, eu acho que eu gostaria de ser um bailarino." Mas lá estava eu em um ônibus com minha Mãe, indo para o estúdio de dança da Patsy Smith. Que contraste à experiência de pesca. Quando nós abrimos a porta da escola, eu vi um monte de garotinhas que vestiam malhas e sapatilhas de balé, olhando para mim enquanto eu olhava para elas. Não havia nenhum outro garoto à vista.

Meses depois, eles me colocaram com uma garota chamada Candace. Kandy (como ela era conhecida) e eu nos tornamos um dueto de dança aos sete anos de idade. Nós éramos o único dueto da escola. Minha mãe me encorajou à ser o melhor, e fazia praticar minhas rotinas de dança no chão da cozinha.

Pode se dizer que neste momento da minha vida eu era uma criança com força de vontade.

"Brucie, é hora de praticar sua rotina de dança".

"Não, não quero," dizia eu enquanto assistia ao *Rei do Céu* na TV.

"Venha aqui agora, senhor. Esta me ouvindo?"

"Não," retruquei eu.

Mamãe saiu da cozinha e me agarrou pelo pulso. Ela cravou as unhas em mim tão forte que rasgou a minha pele. Ela abriu a porta do porão.

"Você vai ficar sentado nesses degrais até que você decida que vai praticar".

A porta se fechou e ouvi o som da fechadura cair de seu lugar. Sentei lá, em nosso porão escuro, gemendo, enquanto eu via a luz por baixo da porta. O que parecia horas depois, a sombra de um par de pés apareceu embaixo da porta. Eu ouvi o som da fechadura da porta destravar e a porta se abriu. Um raio de luz, como um raio de sol através de uma núvem, caiu sobre o meu rosto.

"Vai praticar sua rotina de dança agora?"

"S-s-Sim," respondi.

Eu pratiquei durante uma hora todos os dias até que a minha rotina fosse perfeita. Tinha que ser perfeito antes que eu pudesse parar de praticar.

Eu até que gostava das rotinas de sapateado com Kandy. Arrasta, dedo do pé, passa, arrasta, dedo do pé, passa. Desliza, desliza. Para nossa a nossa coreografia de balé, ela estava vestida de noiva e eu era o noivo. Ela fazia a maioria dos passos de balé, como eu era o seu parceiro, agarrando e a girando. Nós éramos as estrelas do recital da escola de dança, apresentadas no palco do Teatro Stanley. Eu fiz uma reverência e escutei os aplausos. Então, me surpreendi. A audiencia estava de pé! Uau! Eles realmente me amavam.

Minha prima Cheryl vinha para minha casa com sua mãe e pai, Tia Gene e Tio John. Meus primos Marilyn e Tom vinham de Detroid uma vez por ano para uma visita. Eu me lembro de ficar tão animado que eu não podia esperar para vê-los na casa da Vovó. Eu tinha uma conexão especial com Marilyn, e nós só tinhamos um ano de idade de diferença. Na verdade, Tom, Cheryl, Marilyn, e eu tinhamos todos um ano de idade de diferença, sendo Tom o mais velho. Eu também tinha outros dois primos, Gary e Pam, no lado da familia do meu Pai, na qual eu via ocasionalmente durante os feriados. Mas quando Marilyn e eu estavamos juntos, alguns fenômenos inexplicavéis ocorriam. Conversar era desnecessário. Era estranho, quase como se nós pudessemos ler os pessamentos dos outros. Eu consigo me lembrar de nossas tias ficavam nos observando com um olhar questionável, tentando entender o vínculo sobrenatural entre nós.

Quando tia Bertha casou, Marilyn era a menina das flores e eu era o portador do anel. Marilyn com sua inocência de garotinha, fantasiava que nós nos casamos naquele dia. E eu também tinha um amor especial por ela.

O pai de Marilyn, meu tio Stan, irmão da minha mãe, era um homem gentil e amoroso. Eu também tinha um vínculo especial com ele que eu realmente nunca entendi. Ele estava sempre feliz e rindo, e parecia ter um interesse especial em mim. Ele me fez sentir como se eu fosse seu sobrinho especial. Ele colocaria seus braços ao meu redor com um grande sorriso no rosto, como se estivesse dizendo, "Realmente estou muito feliz em te ver. Senti saudades." Eu senti ciúmes da maneira em que Tom e Marilyn tinham um pai tão especial. Se eu tivesse um pai, eu gostaria que ele fosse como o tio Stan. Eu me pergunto como seria

Capítulo Cinco

A Casa da Vovó e a Decisão

NÃo era só os meus primos que faziam visitas na casa tão especial da Vovó. Eu amava ir lá, até mesmo quando Marilyn não estava lá. A casa da vovó ficava no Leste da Utica, onde os imigrantes italianos e poloneses se estabeleceram no inicio de 1900. Mamãe e eu pegavamos os ônibus para chegar lá. A casa da vovó era a última parada da rota do ônibus, perto da velha fábrica de Armas Selvagens, onde eles fizeram armas e munições durante a Segunda Guerra Mundial. Mamãe trabalhou lá durante a guerra. Ficava a uma curta caminhada do ponto de ônibus, pela estrada secundária, até a fazenda do vovô.

Lembro-me de uma visita em particular em 1955, quando eu tinha dez anos de idade. Os jardins perfumados de flores multicoloridas da vovó estavam em plena floração, com o aroma de seu perfume criado por Deus. Borboletas e abelhas ocupadas reunindo o néctar. As árvores frutíferas estavam cheias da próxima colheita de maçãs, peras, ameixas e cerejas. Passáros preencheram o ar com suas canções felizes.

Caminhei pela grama alta até a velha árvore de maçã na parte de trás da propriedade. O aroma das ervas do campo e terra úmida encheu minhas narinas. Sozinho, eu apreciei o silêncio e a oportunidade de estar comigo mesmo. Eu podia ficar sentando no chão o dia inteiro. Me deu uma sensação de paz. O fôlego de Deus soprou uma suave brisa de verão que fez cócegas nas folhas. O sol me acariciava como meu velho cobertor azul e fofinho com seu calor calmante.

Então, de repente, ouvi isso.

Piu.

O som veio de cima, quebrando o silêncio. Então eu ouvi de novo.

Piu, Piu.

Olhando para cima, eu o vi: um melro de asas vermelhas. Ele era preto como carvão, com suas asas vermelhas brilhantes na luz do sol. brilho vermelho de asas brilhantes na luz do sol. *Conk-la-ree*, ele cantou, pulando de um galho para outro, mais e mais alto.

"Bem, agora, olhe para você. Por que não desce aqui para mais perto para podermos brincar?"

Ele saltou para um galho mais baixo, inclinando a cabeça como se ele tivesse me escutado.

Piu.

"Veja, está melhor. Então, o que você vai fazer hoje? Gostaria de ficar mais um pouco e conversar? Acho que te chamarei de Asas Vermelhas."

Piu.

"Asas Vermelhas, minha mãe está doente. Ela tem câncer. Você sabe que o câncer é?"

Piu, Piu.

"Eu também não. Eles removeram um dos seus seios, e agora ela usa uma almofada de espuma em seu lugar. Ela me mostrou. Ela vai para o hospital para tratamentos de radiação, sejam lá o que isso for. Às vezes, quando chego em casa da escola, ela já se foi. Ela fica desaparecida por dias, enquanto a avó, a tia Helen, e Tia Bertha tomam conta de mim."

Piu. Conk-la-ree.

"Piu", respondi a Asas Vermelhas em sua própria língua. Deve ter funcionado pois ele ficou por perto.

Passamos muito tempo nos comunicamos naquela manhã em uma língua incompreensível, debaixo da macieira. Parecia que ele estava tentando me dizer algo. Então, assim como de repente como ele apareceu, Asas Vermelhas voou para longe.

Levantei-me e passei pelas gaiolas de coelho próximas. Acima do caminho próximo da velha casinha. Em um dia quente, do fim da rua você podia sentir o cheiro do odor. Uma fossa. Eu olhei para o fundo dela uma vez. Nunca fiz isso de novo. Fedia. Fiquei com medo de cair.

Gatinhos começaram a acompanhar-me no caminho, através da grama alta até a casa. Pássaros cantavam no bairro, abelhas voavam de uma flor para a próxima, e as núvens brancas e fofas como bolas de algodão preenchiam o céu azul.

Foi realmente um dia lindo. O tipo de dia que coloca um sorriso em seu rosto. O tipo de dia que te dá uma boa sensação por dentro. O tipo de dia que você não gostaria que acabasse, mesmo sabendo que acabaria.

"Onde esteve?" Mamãe perguntou enquanto eu entrava pela porta de trás até a cozinha.

"Fora", eu respondi.

"Lá fora onde?" ela respondeu.

"Lá fora, lá trás"

"Eu procurei por você, mas não te vi." Mamãe parecia estar muito irritada.

"Eu estava lá trás perto da macieira."

"O que você fazia lá atrás?" ela perguntou.

"Conversando com um melro de asas vermelhas."

"Uh huh", ela murmurou baixinho. Eu lentamente saí daquela cozinha com cheiro salgado enquanto a mãe se ocupava com o que estava cozinhando no fogão. Com sorte, o que é que estava cheirando tão bem iria acalmar o que estava fervendo dentro dela.

Mais tarde naquele dia, a mamãe me chamou para a sala de estar da vovó. Vovó estava sentada no sofá estofado de cor castanho escuro com nenhuma mancha de tinta visível, Mamãe em uma cadeira estofada azul, e Tia Helen escorada na parede.

"Brucie, venha aqui. Preciso falar com você." Ela colocou as mãos nos meus ombros e me olhou direto nos olhos. Seu aperto estava tão forte que não pude virar ou correr, como muitas das vezes eu fazia. Eu tentei soltar-me, mas sem sucesso. Isso me deixou bravo.

"Se algo me acontecer e eu morrer, onde gostaria de morar? Brucie, escute, você deve fazer uma escolha. Você deve fazer uma escolha agora."

Eu não queria ir para lugar nenhum; Eu não queria que ela morresse. Mas a mamãe disse que eu tinha que escolher. Eu pensei, "Por quê ainda falamos sobre isso? Por que agora? Eu gosto de onde eu já estou vivendo. Eu não quero ir."

"Não quero ir à lugar nenhum", gritei em pânico com lágrimas incontroláveis, ofegante com as palavras. Minha cabeça bateu como uma bateria selvagem, BOOM, boom, boom, boom, BOOM, BOOM, boom, boom.

Não havia nenhum lugar para ir. Ninguém a quem recorrer para obter ajuda. Minha tentativa de escapar pela porta dos fundos foi impedida pela firmeza da mãe. Se ao menos eu pudesse procurar o

Asas Vermelhas. A dor floresceu dentro de mim como uma rosa negra. Preso, desesperança acertou me no fundo e tomou conta de mim.

"Bem, eu.... Eu acho que... Eu... Eu gostaria de ir morar com a tia Helena e tio Stan."

No entanto, minha mãe disse, "você não pode ir lá porque tio Stan trabalha para o Hospital Estadual Utica e eles vivem em um apartamento pequeno local. Não há espaço para você naquele apartamento, e o estado não vai permitir isso."

"Então eu quero ir morar com a minha prima Marilyn em Detroid." Tio Stan poderia ser meu pai.

Mãe disse, "Isso não será possível."

Olhei para o chão, e lá do outro lado da sala, perto da tia Helen, havia minha concha favorita. Eu só queria correr até lá e pegá-la. Se ao menos eu pudesse colocá-lo no meu ouvido novamente e ouvir o som suave do vento passando pelo mar.

"Não quer ir morar com sua tia Gene, tio John e sua prima, Cheryl?

Acho que esta era a escolha que mamãe esperava que eu iria fazer por mim mesmo.

"Não," deixei escapar. "Nunca". Não gostava dele tanto assim, sem nenhum motivo em especial que eu me lembre.

"Acho que esta é a melhor escolha e seria melhor para você. Você pode ter Cheryl como uma amiga para brincar e crescer juntos, como irmão e irmã. Então, você vai morar com eles."

"Mas não quero ir morar com Cheryl."

"Nada mais, é isso, está decidido. Eu já me decidi."

Meu colapso diminuiu lentamente, fungando e ofegando, com um ocasional tremor entre a angústia emocional.

Eu vejo em minha mente o meu eu de dez anos de idade ali. Entretanto, o que aconteceu a seguir, não me recordo. Eu gostaria de imaginar o cenário que talvez tivesse ainda um pouco de alegria em algum lugar.

Caminhei até a concha, peguei-a, corri para a porta da frente, e sentei-me sobre os degrais de madeira, escutando ao som do vento cruzando o mar na concha. Então eu escutei.

Piu.

Eu rapidamente olhei ao redor.

Piu, desta vez da árvore de ameixa do vovô no jardim dianteiro.

Olhei para cima, filtrando a luz do dia através de prismas de lágrimas. Lá estava ele. Era Asas vermelha empoleirado em um galho baixo. Ele estava me vendo, olhando para ele, olhando para mim.

Piu, Piu, ele cantou, seguido por um *Conk-la-ree.* Meu coração disparou. Um lampejo instantâneo de alegria iluminado de dentro de mim. Eu pensei que ele estava me dizendo algo. Eu pensei que era uma mensagem e ele era o mensageiro.

Conk-la-ree, Conk-la-ree. tinha quase certeza disso. Se ao menos eu tivesse entendido a linguagem de Melro de asas vermelhas.

Capítulo Seis

Funeral

O Verão passou e veio o outono. As folhas mudaram para tons de vermelho, carmesim, amarelo, e marrom. Em 6 de outubro, minha tia me levou para o hospital para visitar a minha Mãe.

"Brucie, venha aqui. Senta aqui na cama," Mamãe disse. Ela me deu um abraço e então disse, " você vai morar com sua tia, tio e sua prima.

"Mas eu não quero", eu disse severamente.

"Seja um garoto crescido, seja um bom menino. Ouça sua tia e seu tio, estude bastante e se torne um médico. Está me ouvindo?" A maldição da Mamãe.

"Agora vá," ela disse. Não acho que ela disse, "Eu te amo". Se ela disse, não me lembro. Minha mãe emocionalmente distante. Depois de mais um abraço, minha tia e eu fomos para fora da sala, para fora do hospital e fomos para casa. Esta foi a última vez em que você minha Mãe viva. Ela morreu no dia seguinte.

No funeral, eu não chorei. Eu não senti nada. Pensei que não havia mais ninguém que podia confiar. Ninguém que me amava. Sentei-me na parte de trás, longe das pessoas. Eu estava cansado de condolências de amigos da família. Eu estava cansado de ouvir os comentários de "Oh, aquele pobre menino." Estava farto de abraços de grandes mulheres polonesas, me sufocando em seus seios que cheiravam a chouriço defumado, chucrute e pierogi fritas em óleo com cheiro de cebola, alimentos que elas preparavam e traziam para a recepção do funeral.

O ar com aroma floral era esmagadoramente poderoso. Eu olhei do outro lado do quarto para o caixão. Lá estava o corpo, indiferente, sem emoção e frio. Assim como eu.

Anos mais tarde, tia Bertha limpou sua coleção de fotos e me deu uma pilha com o rótulo "Para Brucie". Entre as fotos estava uma de mim ao lado do caixão da mamãe, olhando para dentro. Vendo que eu estava chateado, tia Bert disse: "É uma tradição polaca. Na Polônia, eles tiram uma foto do caixão e colocam em seus mantos da lareira. O único fogo que eu senti estava dentro de mim.

No funeral, disse a mim mesmo, "Eu nunca mais vou permitir-me machucar-me de novo." Era o começo do fim do que era, o fim do começo do que poderia ter sido e o início de uma vida que teve desvio por uma estrada que não deveria ter sido.

O que me resta da minha infância? Um par de chinelos de bebê, uma caixa cheia de fotos, uma bolsa cheia de cartas de guerra do meu Pai, um pouco das minhas roupas e minha bicicleta. Sem Mamãe. Sem Papai. O orfão da familia. Minha nova identidade.

O que é que eu iria fazer agora? Eu tive que ir para onde eu não queria ir. Viver onde não queria viver. Com parentes que eu não queria estar. Era quase como se minha mãe estivesse dizendo, "Isto é o que você tem que fazer, senão" assim como na infância. Senão o quê?

Tornei-me mais introvertido do que antes. Eu apreciava meu tempo sozinho em lugares calmos. Um véu de escuridão invadiu a minha vida. Ele roubou a felicidade de dentro de mim. A noite se tornou minha amiga, solidão meu consolador. Retirado para dentro de mim. Isso foi meu porto seguro. Paredes mentais era a minha proteção. O silêncio durante aqueles momentos de silêncio gritou volumes de graça de paz.

Eu só queria fugir

.

Parte Dois
Ajustes da Adolescência

Capítulo Sete

Ajustes

"**B**em, agora é oficial," minha tia anunciou triunfalmente enquanto ela saia pela porta dos fundos até a cozinha, poucos meses depois do funeral da minha mãe. Luz do sol brilhava por trás dela naquele dia quente da primavera, em 1956. "A adoção foi aprovada. Você está legalmente adotado."

Eu estava de pé na pia da cozinha. *Espera um minuto. Por que houve uma adoção? Mãe não mencionou uma adoção, ela mencionou?*

"Decidimos não mudar seu sobrenome, permanecerá o mesmo. Mas de agora em diante vai nos chamar de mamãe e papai. "

Levantei minhas sobrancelhas e arregalei meus olhos com descrença. *Como você ousa me adotar! Como ousa sequer pensar em mudar meu nome sem minha permissão?* Tenho certeza de que meu rosto ficou vermelho. Cerrei os dentes. *Meu pai, Ed Brodowski, morreu na segunda guerra mundial por mim. Ninguém nunca, nunca, mudará meu sobrenome que veio dele. Não se eu tivesse algo a dizer sobre isso.* Eu pisei em meu quarto e bati a porta atrás de mim. *Mãe, porque teve de morrer? Por que me fez vir morar aqui?*

Naquela época, eu não sabia que o processo judicial era de tutela e não de adoção. Sob a lei do estado de Nova York para tutela, a criança mantém seu próprio nome. Nunca foi uma decisão que minha tia teve que tomar. Olhando para trás, talvez esta foi a maneira de estabelecer o encerramento. A tutela legal não só ajudou a fornecer-lhe as ferramentas necessárias para tornar as coisas mais fáceis quanto aos médicos e escolas, mas também lhe deu apoio para explicar por que eu deveria chamá-la de mãe em vez de tia Gene. Eu suponho que teria sido estranho de outra forma.

Daquele dia em diante, eu impedi qualquer esforço que a tia Gene e o tio John fizessem para demonstrar amor por mim. Recusei-me a aceitar ser parte da família deles. Como fiz no funeral da minha mãe, reforcei mentalmente meus votos para nunca ser emocionalmente vulnerável ou me permitir sentir novamente. Eu fechei meu coração para receber amor. Acreditava firmemente que minha tia e meu tio não me amavam e que ninguém se importava comigo. Eu estava sozinho e tinha que cuidar de mim mesmo. De *alguma forma, eu ia sair de lá.*

Passei oito anos na casa da minha tia, desde a idade de dez a dezoito, mas esses são alguns dos mais importantes anos da vida de uma criança. A transição para a idade adulta. A maioridade. O direito de passagem. O tempo quando hormônios feminino estimulam ciclos menstruais e o crescimento dos seios; Quando meninos entram em pânico devido a ereções inesperadas em momentos inapropriados. É uma época de emoções estrondosas, de procurar por si mesmo e de procurar pertencer e se encaixar. No entanto, ninguém nos disse isso, não é mesmo? Eu certamente não estava preparado.

Mesmo antes do anúncio traumático de adoção, minha transição para um novo lar foi tempestuosa e abarcou minha vida diária. Jones Place, uma rua sem saída. E o número nove era quase a última casa da rua. Uma casa pequena com uma garagem isolada, haviam dois quartos fora da cozinha com uma mesa e quatro cadeiras. Não havia espaço suficiente para dois adultos e duas crianças. No início, dormia com tio John em um quarto e Cheryl dormia com tia Gene no outro enquanto o sótão estava sendo remodelado em dois quartos.

Yorkville, como Nova Hartford, era um subúrbio de Utica, Nova Iorque. Também havia ruas arborizadas em bairros tranquilos e amigáveis. Logo conheci as crianças da rua Jones Place, Charles Carter, Theresa e Butch Farley, e John Gladwin. Havia outras crianças na rua, mas elas não saiam com a gente. Eles eram mais velhos ou simplesmente não era amigáveis.

Jones Place era uma rua lateral da rua principal Whitesboro que ligava o centro de Utica a Whitesboro, NY. Como um beco sem saída, nossa rua era perfeita para brincar durante a noite. Theresa, Butch, Charles, Cheryl e eu jogávamos bola, esconde-esconde, e pega-pega nas horas sombrias da noite sob a lâmpada da rua.

A casa também ficava em uma localização muito conveniente, Dentro de uma curta distância, havia uma drogaria, o campo da pequena liga, a caravela de sorvete, um supermercado e as escolas, Parkway Elemetar e o Ensino Médio de Whitesboro.

Em Nova Hartford, eu caminhava até a escola todos os dias com Sue Wanamaker. Agora eu tinha que andar no ônibus escolar. A ironia disso. Haviam três escolas de ensino fundamental no sistema, a Yorkville Elementar, à quatro quarteirões ao leste da casa, na Whitesboro Street, Parkway Elementar, à apenas duas milhas de distância, e a Whitesboro Elementar, à três milhas de distância. Caminhava os quatro quarteirões até a escola de ensino fundamental de Yorkville, e pegava um ônibus para a viagem de duas milhas até a escola Parkway Elementar.

Era complicado, mas funcionou nos primeiros dias. Então um dia eu peguei um ônibus depois da escola que estava no lugar exato do que eu tinha saído naquela manhã, como em todos os dias. Era o ônibus errado. Ele foi para outra direção, subindo uma colina em Whitesboro.

"Onde você mora?", perguntou John Langdon, que conheci na escola e que por acaso se sentou comigo no ônibus.

"Yorkville."

"Você está no ônibus errado."

Encolhi meus ombros. "Isso não é problema. Este ônibus eventualmente tem que ir para o estacionamento de ônibus escolar, que é perto da minha casa. "

As coisas não melhoraram muito depois disso. Várias semanas mais tarde, esperando o ônibus em uma manhã fria e nevada de novembro, uma garota decidiu que eu ia ser seu entretenimento matinal. Ela começou jogando bolas de neve em mim. A raiva em mim aumentou, afinal, eu prometi a mim mesmo que não ia tirar nada de ninguém. Eu a empurrei no chão e passei neve no rosto dela. Quando chegamos no ônibus, ela estava bem, mas mais tarde naquela manhã, a professora me mandou para o escritório do diretor. O Sr. Mahoney, o diretor, levou-me até o consutório da enfermeira. Aquela mesma menina estava tremendo debaixo de um cobertor e chorando.

"Este é o rapaz?" Mahoney perguntou.

"S-s-s-sim."

"Olha o que você fez," disse ele, apontando para a garota.

Então ele agarrou-me pela nuca com seus dedos me apertando e me empurrou com força pelo corredor até o escritório. Eu nunca fui maltratado em toda a minha vida. Meu pai nunca teria me tratado assim se estivesse vivo. O Sr. Mahoney me empurrou com tanta força que eu meio que voei para uma cadeira de metal. Aquela cadeira deslizou para trás pelo chão de ladrilhos. Eu fechei meu punho. Eu literalmente queria pular, agarrar a cadeira, correr para frente e bater no diretor até a morte. Eu nunca havia me sentido daquela maneira antes. *Ninguém me trata assim. Como ele poderia se safar com isso? Isso não era abuso infantil?* Eu queria ligar para a polícia e denunciá-lo.

Sr. Mahoney me repreendeu por minhas ações, me dando uma palestra padrão sobre como os garotos não devem tratar as garotas dessa maneira. Eu não tive a oportunidade de dizer o meu lado das coisas, mas mesmo que ele tivesse perguntado, eu provavelmente não teria falado. Algum tempo depois, a tia Gene e o tio John passaram pela porta para uma reunião. Tia Gene chorou enquanto relatava como minha mãe havia falecido recentemente, e essa era uma época difícil para a família. Eu não conseguia acreditar no que estava ouvindo. *Que patético*. Tudo por causa de uma garota pegando no meu pé no ponto de ônibus da escola. Rainhas do drama. No entanto, tudo foi finalmente resolvido, e a dentenção juvenil ficou fora do acordo.

Mais tarde naquela semana, voltando para a casa do ponto de ônibus, um menino alto se aproximou de mim. A essa altura a neve já havia acabado e era um dia ensolarado de outono. "Você é o único que pegou no pé da minha irmã," disse ele, e me deu um soco. Meus treinos de infância não haviam incluido autodefesa. Não sem um pai por perto. Você simplesmente não aprende essas coisas com suas tias. E especialmente não de uma avó que lhe ensinou a tricotar e a fazer croché. A autodefesa também não fazia parte das aulas de sapateado e balé.

Foi depois desse incidente que descobri que as outras crianças da Rua Jones Place iam andando para a escola todas as manhãs. Cheryl e eu finalmente havíamos convencido a tia Gene que seria melhor para nós, e então evitei o ônibus. Nós caminhavamos não importava o tempo ou o clima. Ficar em casa em dia de aula não era uma opção em nossa casa, e como resultado, tivemos uma presença perfeita durante todos os anos de escola.

Depois de um começo difícil, lentamente, estabeleceu-se uma convivência confortável, mas não foi sem incidentes. Na primavera, tio John decidiu que eu deveria jogar baseball apenas como qualquer outro rapaz. Eu realmente não queria. No entanto, fomos para testes da Pequena Liga depois de dias de prática em casa. O gerente mandou um monte de gente para o campo para apanhar as bolas.

Ajustes

Quando chegou a minha vez, ele acertou a bola e ela desapareceu no sol. Eu nunca tinha visto isso acontecer. Caiu no meio da minha testa. Ele disso ao meu tio, "Talvez ano que vem

Esportes não eram o que nasci para fazer.

Capítulo Oito

Ensino Médio

Eu me formei no ensino fundamental, mesmo com minhas notas baixas da quinta série na escola Parkway. Minha professora do sexto ano, Beulah Smithson, comentou no meu boletim que eu gostava de artes e música. Eu também me destaquei em matemática e ciências. Ela escreveu, "Bruce é um bom líder e assume a responsabilidade. Ele é autoconfiante e trabalha bem sozinho." Era como se fosse no pátio da escola de Nova Hartford, onde todas as crianças estavam brincando na caixa de areia enquanto eu estava no canto sozinho fazendo minha coisas próprias.

Eu me mudei da Escola Primária Parkway para o Ensino Médio de Whitesboro Junior para a sétima e oitava série. Nossa classe era composta por estudantes de todas as três escolas primárias. Meus amigos eram Rachael, Eileen Sue (Suzie), John e Mike. Minhas lembranças daqueles tempos são nebulosos; Entretanto, alguns momentos se destacam. Um desses foi o recesso da oitava série. Meus colegas de classe foram para uma quadra de tênis cercada para jogar, socializar e se divertirem. Eu, por outro lado, encontrava-me sentado em uma rocha enorme. Um riacho claro, borbulhante e cristalino ao lado da rocha refletia os raios de luz de suas pequenas cachoeiras. Com uma caneta na mão, rabisquei prosa e poesia enquanto minha mente vagava pelos reinos dos sonhos e imaginação nas profundezas de um mundo de fantasia, onde o amor e a felicidade residiam.

"Bruce, não ouviu o sino?" Suzie gritou antes de entrar na escola.

"Huh?" Assustei-me de um lugar profundo.

"Bruce, você vai se atrasar," Rachael expressou sua disposição sem emoção e prática.

Foi difícil para mim afastar-me da tranquilidade para a realidade novamente. Meu eu introvertido estava feliz onde estava. Parecia mais em casa e mais confortável. Eu não entendia as outras pessoas e não queria me envolver. Provavelmente porque eu não tinha amigos para vir até mim. Festa do pijama estavam fora de questão. De acordo com a tia Gene, "Nós só não queremos que as pessoas saibam algo das nossas coisas." Nós mantinhamos as cortinas da janela fechada para que os vizinhos não pudessem ver dentro. Quando viajávamos, não ficavámos na casa de ninguém, porque não era adequado para nos impor à ninguém. Aquilo não era a coisa certa a se fazer. Então, enquanto as outras crianças estavam indo a festas e fazendo coisas com seus amigos, aprendi com este relacionamento disfuncional a ser anti-social e recluso.

Uma velha raquete de tênis de madeira de 1940 pendurada em um gancho na parede de blocos de concreto da gararem. Pensei que era do meu Pai. Portanto, querendo ser como meu pai, entrei para a equipe de tênis do ensino médio. Mesmo sendo introvertido e nunca ter jogado tênis. Esta foi minha maneira de tentar ser alguém e me encaixar. Parte do processo de entrar na adolescência. Não havia nenhum teste, na qual era um adicional. Eu praticava batendo a bola de tênis contra o encosto de madeira compensada na quadra.

Também praticava meu saque. Eu tinha uma camisa do time. E logo um jogo de duplas estava agendada com meu nome de participante.

"Ei, onde você conseguiu essa coisa velha," disse um membro da equipe adversária, rindo quando entrei na quadra.

"Era do meu pai," Eu disse com orgulho."

"Essa coisa deveria estar em um museu".

Eu joguei mal. Tão mal que devolvi a minha camisa do time e saí do time. Eu estava tão envergonhado de mim mesmo. Eu tinha vergonha da raquete de tênis que eu tinha. O treinador nunca veio e me perguntou o porque eu havia saído. Eu gostava de jogar tênis. Algumas lições e uma raquete nova teria feito uma diferença enorme no mundo. No entanto, eu já estava convencido que esportes não eram para mim.

Então virei meu interesse para as meninas. Especialmente Eileen Sue (Suzie). Desde o incidente com Rana em Nova Hartford, pouco antes da morte da mãe, ninguém mais tocou meu coração até que Suzie apareceu.

Quando eu estava na quinta série, tive uma grande paixão por Rana. Ela morava longe até a colina e uma rua ao longo da minha casa, e um dia eu passei com ela no meio do caminho para sua casa. Enquanto andávamos juntos depois da escola, veio o momento mais importante.

Eu "Rana, gosto de você," deixei escapar. "Eu quero que fique com isso." Eu produzi meu único bem precioso. Meu anel decodificador do Capitão Meia-Noite. Coloquei-o em sua mão.

"Mas Bruce, você nunca me beijou". Constrangimento explodiu em minha cara. Inclinei-me e a beijei na bochecha, em seguida, rapidamente virei e corri para casa o mais rápido que pude. Só a tia Bert estava em casa.

"Adivinhe o que acabei de fazer," disse sorrindo com orgulho. "Dei para Rana o meu anel decodificador do Capitão Meia-Noite."

"Você fez o quê?! Você tem alguma ideia de todos os problemas que tive que passar para conseguir aquele anel? Por que fez isso? Talvez ela te devolva."

Pouco depois, saí de Nova Hartford e mudou-me para Yorkville. Eu nunca mais vi Rana ou aquele anel.

Suzie tinha um espírito gentil, um sorriso radiante, e cachos marrom Meu coração cantava músicas todas as vezes que ela estava por perto. No inverno, saia de meu caminho para ver se ela estaria patinando na praça de Flag Street. Os bombeiros de Whitesboro inundavam o parque todos os invernos, assim transformando-o em uma pista de patinação. Um dia eu estava experimentando um par de patins de corrida de segunda mão. Sim, nada mais de patins de hockey para mim. Suzie estava patinando na minha frente enquanto eu tentava acompanhar. Tio John estava atrás de mim cantando "Doce Sue, eu te amo", tão alto que eu tinha certeza que ela poderia ouvi-lo. Nós patinamos mais rápido que o tio John e o deixamos para trás. Então, na curva do final do rinque, tentei cruzar um pé sobre o outro, mas a lâmina da frente pegou a lâmina de trás e eu voei no gelo duro e deslizei para o banco de neve. Meu joelho direito inchou como uma bola de beisebol. Isso acabou com a minha patinação no gelo por um tempo. No entanto, aquelas brasas para Suzie ainda estavam acesas.

Capítulo Nove

Escotismo e o Plano Principal

"Nós registramos você para as aulas de confirmação na igreja de Santa Maria," anunciou tia Gene no café da manhã.

"O que? O que é confirmação?"

"A confirmação é um requisito de católicos da sua idade."

"Mas não quero ir para aulas de confirmação".

"Ou você vai para aulas de confirmação e tornar-se confirmado, ou você acha outro lugar para viver, dormir e comer.

Se ao menos eu pudesse.

Por conseguinte, classes de confirmação. Éramos obrigados a escolher um Santo que seria o nome do nosso Santo de confirmação. Eu não fazia ideia quem escolher. Eu olhei através do livro de nomes, mas nenhum deles quis dizer nada para mim. Finalmente, sem tempo para decidir, eu escolhi são Paulo. Escolhi o Paulo porque tivemos um amigo da família chamado Paulo que tinha uma cabana com paredes de pinho nodoso em que ficamos no Lago George, Nova York. Além disso, ele tinha o mesmo aniversário que o meu. Às vezes precisamos estar ciente das consequências no reino espiritual das decisões que tomamos. Eu não percebi isso até muitos anos mais tarde, quando eu senti que tinha algumas das características de São Paulo.

Por volta dessa mesma época, minha tia e meu tio também decidiram que seria uma boa ideia eu me juntar aos escoteiros. Não me lembro de sugerir isso a eles; no entanto, aproveitei as reuniões semanais, os acampamentos, trabalhando para obter distinções de mérito e avançando na classificação. Os acampamentos de escoteiros desenvolvem caráter, habilidades e maturidade. No verão de 1957, passei duas semanas no Campo de Escotismo do Campo Ballou.

Nós estávamos em uma caçada de cobras. Eu odiava cobras. Alguém rolou sobre uma pedra e gritos encheram o ar.

"Aí está. Para onde ela foi?

Eles estavam em perseguição de um corredor de barriga vermelha. Eles pegaram vários naquele dia. Eu evitei esses caras. Eu amava o acampamento dos escoteiros. Mas eu odiava cobras. Nadar, andar de barco, comer na sala de jantar do acampamento, caminhar pelas trilhas e estar na floresta eram ótimos; Eu poderia ter vivido assim para sempre. Eu mencionei que eu odiava cobras?

Eu particularmente gostei das noites ao redor da fogueira cantando músicas como "John Jacob Jingleheimer Schmidt" e "My Grandfather's Clock".

Eu participei do acampamento do YMCA e do escotismo todo verão de 1957-1960. Não foi minha decisão ir ao acampamento de verão. Pelo menos, não me lembro dessa maneira. Em vez disso, eu senti que ser enviada para o acampamento significava que minha tia e meu tio não me queriam por perto. Pelo menos a primeira vez. Que ótima maneira de se livrar de mim por algumas semanas. Embora eu tenha gostado do acampamento dos escoteiros, o acampamento da YMCA foi o fator decisivo. Não me lembro de dizer que queria ir para o acampamento da YMCA. Acho que minha tia achou que era uma boa maneira de eu aprender habilidades sociais e uma boa maneira de amadurecer e se tornar um adolescente responsável e um jovem adulto.

No entanto, no acampamento da YMCA, sentei-me na beliche imaginando por que estava ali. Suponho que, se você olhar da perspectiva deles, minha tia Gene e o tio John estavam fazendo de tudo que achavam melhor para me ajudar a ser uma pessoa melhor. Eles estavam tentando me dar a chance de sair com outros garotos, já que eu não praticava esportes ou normalmente saía com garotos. Eu preferia apenas ficar em casa no meu mundinho.

Não foi apenas o acampamento que me fez sentir indesejado. Por volta de 1959, minha prima Cheryl começou uma campanha para um irmãozinho. Ela não percebeu que tia Gene tinha quarenta e quatro anos? Quero dizer, realmente? No entanto, Cheryl continuou sua campanha. "Eu quero um irmão. Eu quero um irmão. "Desde que eu deveria ser o seu irmão, de repente me senti como o descartável. O que eu era, apenas mais uma peça de mobília? Com certeza, primo Ken nasceu 20 de abril de 1960. Ele se tornou a atração principal e me substituiu como o filho. Eu não estava interessado em ser um irmão mais velho.

Naquele verão, fui ao 50º Jamboree dos Escoteiros em Colorado Springs, Colorado. A tia Gene achou que era uma ótima idéia, especialmente agora com um novo bebê na casa. Dois ônibus de turnê de batedores de muitas tropas de escoteiros deixaram Utica, Nova York, por três semanas. Nós viajamos pelo Canadá, Michigan, Indiana, Montana, Wyoming e Colorado. Quando chegamos ao Jamboree, acampamos em uma área próxima ao Pico de Pike. O Presidente Eisenhower veio falar conosco. Ele não foi legal? Cinquenta mil de nós sentaram no chão em frente ao palco. Eu não estava interessado em Eisenhower. Eu estava mais interessado em cascavéis. Os rumores eram de que eles haviam capturado vários naquele dia bem no campo em que estávamos sentados. Adivinha, odiava cobras.

Depois do Jamboree, fomos ao Parque Nacional de Yellowstone, e lembro-me de um lugar para churrasco no Wyoming. Uma jovem cantando músicas sertanejas nos divertiu. Seu sotaque do interior me hipnotizou, junto com seus cabelos dourados e sua beleza de vaqueira. Eu estava em tal transe que eu não percebi que o resto dos escoteiros tinham ido a uma loja de recordações até que alguém veio me procurar.

Eu não queria ir para casa. Eu queria ficar lá para sempre. Depois que voltei para casa, comecei a procurar em revistas de escolas militares para participar. Então, planejei meu plano principal para fugir para a Califórnia, onde o filho do irmão do meu pai, Gary, agora morava. Calculei que poderia andar de bicicleta vinte milhas por dia. A pedido, a Organização Geográfica Nacional enviou-me grandes mapas rodoviários dos Estados Unidos. A tia Gene achou muito legal. Uma boa maneira de melhorar meus estudos educacionais geográficos. Eu colecionei todos os tipos de mapas e tracei a rota. Eu sabia muito bem que aos dezesseis anos eu poderia legalmente deixar a escola. Peça por peça, eu estava chegando com um plano de ação.

Capítulo Dez

Música para Meus Ouvidos

Nossos anos do ensino médio são alguns dos mais importantes e formadores da nossa vida. Ainda assim, quem percebe isso sendo um adolescente? Adolescentes vêem isso como mais quatro anos de escola. No entanto, esses anos se desenvolvem, moldam e nos formam nos adultos que nos tornaremos.

Mike e eu estávamos no Coro A Capella juntos. Ele era um tenor e eu era um segundo baixista. Na verdade, eu tinha um alcance de duas oitavas.

A música era uma parte importante da minha história de vida. Eu amava musica. Era a linguagem do coração e da alma. Era a minha paixão. Ela me levantou e me moveu para reinos de felicidade sobrenatural. Eu tive a honra de cantar algumas das melhores músicas já compostas, especialmente nesse Coro A Capella. Eu também cantei música de quarteto de barbearia com o grupo Harmonaires do ensino médio. Nosso coral do ensino médio era o melhor do estado. Ganhámos um prémio de 6º nível pelo nosso desempenho de audição de música extremamente difícil, como o "Hallelujah Chorus" da Handel. Até fizemos um álbum.

Eu cantei em um Concerto de Todo Estado em 1961. Eu fiz o teste para o Coral de Todo Estado em 1962 e fui escolhido para ser uma das centenas de estudantes que participaram do coro. Foi no Hotel Resort de Concorde no Lago Kiamesha, Nova York. Esse era a praça para os ricos e famosos da descendência judaica. Também me lembro com carinho de Natal quando Mike, Suzie, Rachael e eu, junto com o coral do colégio, cantávamos canções de Natal na manjedoura da fábrica da GE ou na enorme árvore de Natal do famoso Restaurante Trinkaus Manor em Oriskany, Nova York.

Eu tirei A em meus boletins de música e nos prêmios de música no final do ano. Claro, eu estava em todas as peças e musicais, incluindo *Cartas para Lucerne* e *O Amigo Menino*. Calvin Gage, nosso diretor musical, queria que eu seguisse a música como uma carreira. No entanto, o meu destino foi definido pela maldição de uma mãe. "Vá estudar para se tornar um médico."

Durante uma de nossas aulas de coral programadas, acredito que foi meu segundo ano; um novo aluno entrou pela porta. Eu olhei para cima e congelei. Meu queixo caiu. Foi Kandy, minha parceira de escola de dança no palco de anos atrás. Ela parou de repente quando me viu. Mais tarde, quando me aproximei dela para falar com ela, ela evitou-me como um ninho de vespas loucas.

Mike, John, Suzie e eu frequentamos a mesma classe de religião na Igreja Católica de São Paulo em Whitesboro. Era uma aula de inscrição obrigatória para crédito. Barry e Jimmy, os "bad boys" do Ensino Médio de Whitesboro, também estavam na classe. Eu pensei que eles eram legais, e eu andei com eles pelas ruas de trás da Igreja de São Paulo. Eles fumavam cigarros no caminho. *Pessoas legais fumam e eu quero ser legal.* Foi quando eu comecei a fumar cigarros Marlboro.

Do outro lado da estrada da escola do ensino médio, na esquina do shopping, havia uma lanchonete. Durante o almoço, eu andava até lá para comprar sanduíches, uma Coca-Cola e para fumar. Donna, do coro se juntou a mim. Ela era fácil de falar e provocar, apenas diversão geral por perto.

Ela entrou um dia enquanto eu estava sentado em uma mesa fumando um Marlboro e sentou-se. Depois de acender um cigarro, ela inalou profundamente e depois soltou uma nuvem de fumaça.

"Ah isso é bom. Eu precisava disso, "ela disse antes de inalar outra nuvem de fumaça.

"O que é isso?" Eu perguntei apontando para seus pulsos.

"Bandagens"

"Por que?"

"Eu tenho cortes." Outra nuvem de fumaça saiu de seus lábios enquanto ela mantinha uma calma compostura.

De repente explodi por motivos que não entendia.

"Cortes. Como você conseguiu cortes? Você se cortou, não foi? Como ousa, "eu disse enfaticamente. "O que lhe dá o direito de pensar que você pode fazer isso?" Eu apontei para as bandagens em seu pulso. "Deus criou você para um propósito. Você não tem o direito de tirar sua vida. Voce entendeu? Eu não quero ver você fazendo isso nunca mais. "Lágrimas criaram pequenos fluxos de rímel preto em suas bochechas.

"Você está me ouvindo?" Bati meu punho na mesa enquanto olhava em seus olhos.

"Sim."

Eu ainda não tinha certeza sobre minha crença em Deus, mas eu tinha certeza de que havia dito as coisas certas. Nos dias que se seguiram, Donna continuou a guardar notas de amor pelas fendas do meu vestiário. Adoração do herói? Não é bem o que eu queria alcançar. Eu gentilmente deixei claro que éramos apenas amigos. Ela nunca cortou seus pulsos novamente que eu saiba.

Fiz o exame de habilitação durante o verão de 1961. Passar no meu teste de condução me concedeu uma carteira de motorista e a liberdade de ir a lugares sem o tio John, como as danças de arrasta-pé na Sexta-feira á noite.

Certa noite, eu estava sentado na sala quando a campainha tocou.

"Eu atendo" Quando abri a porta, lá estava meu melhor amigo Chuck Schoenley da escola primária de Nova Hartford.

"Chuck?" Fiquei surpreso. "Como você me achou? O que está acontecendo?"

"Ei, eu pensei que você gostaria de dar uma volta." Chuck estava borbulhando com sua personalidade exuberante. Fazia seis anos desde que nos vimos.

"Eu decidi que era hora de procurar meu velho amigo e aqui estou."

"Ei", eu gritei para a cozinha. "Vou dar uma volta com o Chuck Schoenley."

Tia Gene olhou para a sala da cozinha.

“Chuck, que surpresa. É bom te ver."

Lá fomos nós, no Plymouth (modelo de um carro) do Chuck, cruzando a cidade. Nós acabamos em sua casa, onde ele me mostrou suas habilidades de tocar violão.

Passamos muito tempo juntos naquele verão. Chuck estava em uma banda e eles praticavam em sua garagem. Anos depois, eles se tornaram os Quatro Chessman e viajaram pelo estado de Nova York.

“Ei, Chuck. Eu tenho uma guitarra. Foi da minha mãe. Eu não sei como tocar.

"Você vai ter que trazer-la e eu vou te mostrar."

Naquele verão, Chuck teve tempo de me ensinar como tocar acordes de guitarra. Graças a ele, pude combinar a guitarra com meu amor por canto, e comecei a cantar canções folclóricas que eram populares nos anos 60 e escrevi minhas próprias canções.

Capítulo Onze

Deus?

Eu estava na pista de preparação da faculdade e fiz os cursos necessários para me candidatar à faculdade de pré-medicina. Afinal, o meu curso predeterminado na vida era, pela diretiva da mamãe, "Brucie, estude muito e se torne um médico." Nunca houve qualquer dúvida em minha mente sobre o que minha carreira deveria ser. Eu sempre soube no fundo da minha mente que eu deveria ir para a faculdade de pré-medicina. Esse foi o fator dominante que me impediu de fugir ou entrar em uma escola militar. Eu precisava me formar no ensino médio. Meu amigo Mike tinha o mesmo objetivo. Nosso outro amigo, John, fez estudos sociais, clube de debate, tentou me vencer no xadrez. Ele era alguns anos mais novo, tendo pulado algumas graus devido à sua inteligência. Jogamos xadrez com papel e lápis, para podermos apagar peças e fazer jogadas. Nós passamos de um lado para o outro nos corredores enquanto mudávamos de classes.

Um tópico que John, Mike e eu analisamos foi o que veio primeiro, a galinha ou o ovo. Eu não consegui chegar com uma resposta do meu livro de biologia do segundo ano. Essa foi uma questão biológica e teológica importante para mim. Eu estava lutando com o modo como o homem evoluiu de um anfíbio. Se Deus criou os céus e a terra, criou o homem e as mulheres, então ele criou o ovo primeiro ou o frango? Era imperativo que eu soubesse a resposta. Você nunca pensou nesse enigma? Depois da aula de religião, eu me aproximei do padre Lutz pela sua orientação.

"Padre Lutz, eu tenho uma pergunta que você pode ser capaz de responder."

"Certo"

"Estou estudando biologia e estou tendo problemas para determinar o que veio primeiro, a galinha ou o ovo?" Eu estava completamente sério e buscando conhecimento em minha investigação.

“Se Deus é onipotente, então por que ele não criou triângulos redondos e círculos quadrados?”, Respondeu o padre.

"Hã?"

O padre Lutz então se afastou ocupado. Eu odiei os padres depois disso. Concluí que, de alguma forma, alguma força poderosa criou a Terra, mas não consegui atribuí-la a um deus. Eu não tinha certeza do que eram os agnósticos, mas tinha certeza de que era um deles.

Capítulo Doze

Rejeição

Um dos destaques dos meus anos do ensino médio foi o dia em que Suzie me convidou para ser seu acompanhante para uma festa de Halloween. Eu estava exultante. Minha querida Suzie finalmente me notou! No entanto, tudo isso era novo para mim. Eu nunca tinha ido a festas e não sabia como me socializar. Eu não tinha certeza do que fazer, mas estava tão animada por ir com Suzie. No entanto, isso não significa que eu não adivinhasse as coisas também. Talvez ela estivesse desesperada por um encontro. Ou, sendo carinhosa e compassiva, talvez ela tenha pena de mim. Apesar das minhas inseguranças, fui à festa.

A festa foi no porão da casa de alguém. Eu reconheci alguns colegas do segundo ano. Passamos Lifesavers (bala) uns aos outros de palitos de dente para nossas bocas. Então passamos uma laranja de um para os outros sob nossos queixos enquanto nossas mãos estavam em nossas costas. O escorregar de uma laranja permitia a exploração de partes do corpo fora dos limites em circunstâncias normais. Houve pescaria de maçãs e outros jogos. Ingênio como eu era, eu não tinha certeza do que fazer quando as luzes se apagaram. Eu fiquei no escuro sozinho. Suzie havia desaparecido. Quando as luzes se acenderam, vi Suzie saindo do canto com um garoto da classe. Eu me senti como uma idiota quando percebi que todos estavam se beijando no escuro, menos eu. Foi uma revelação rude e dolorosa. Um desajuste novamente. Eu jurei nunca ser tão ingênuo que me colocaria em uma situação como essa novamente.

Meu currículo do curso de medicina exigia uma língua estrangeira, e eu escolhi francês pelo seu belo fluxo de som. Lynn sentou ao meu lado na aula de francês em meu ano júnior. Por causa do incidente passado com Suzie no Halloween, eu nunca prestei muita atenção em Lynn. Um dia, que ela e sua amiga estavam conversando enquanto olhavam para mim. Então ela se inclinou em minha direção.

"Você é do coro, não é?" Lynn perguntou.

"Sim".

"Você deve gostar de música, então. Não é?"

"Sim".

"Você gostaria de ouvir alguns dos meus discos na minha casa depois da escola? Eu tenho uma boa coleção."

"Certo".

Acabei levando-a para casa. Era na direção oposta de onde eu morava. Ouvimos algumas músicas enquanto nós nos sentamos no tapete da sala.

"Já ouviu a música de *West Side Story*?"

"Não, o que é *West Side Story"*? Eu perguntei.

"É um musical adaptado para cinema. Saiu neste mês de outubro. Aqui, vamos ouvir o álbum."

A música fluiu suavemente em meus ouvidos. Fiquei admirado com sua beleza, e as palavras alcançaram dentro do meu coração. Perdi-me em torno dos olhos sonhadores de Lynn: ela segurou minha mão enquanto a música tocava. "*Faça de nossas mãos, uma só mão, faça de nossos corações, um só coração... agora começa, agora, começa uma mão, um só coração..."* Foi como quando eu tive uma queda por Haley Mills em *Parent Trap* no verão passado. Escrevi para ela várias vezes. Inacreditavelmente, ela escreveu de volta. Ela me mandou uma foto dela autografada. Eu voei sem asas até as nuvens.

Uma semana depois, eu levei Lynn para ver *West Side Story* , no cinema. Eu chorei assistindo esse filme. A dança excelente e a música esmagadora alcançou algo dentro de mim. Minhas paredes mentais de defesa desabaram. Estava doido para experiementar o amor como Tony e Maria. Enquanto Lynn e eu segurávamos nossas mãos, ambos apaixonamos com *West Side Story*. Lynn era minha Maria.

A partir daí, eu estava loucamente apaixonado. Minha primeira namorada de verdade. Coração pulsando de Amor. Amor de cachorrinho. O que você quiser chamá-lo, a montanha-russa emocional me virou de cabeça para baixo e para fora. Eu tinha certeza que ia enlouquecer.

Por trás da porta do meu quarto fechado, escrevi uma canção e derramei meu coração com as letras. Não era para os ouvidos de Lynn ouvir.

Ah Lynn, não pode ver dentro
Seu coração
Não vê, o que você significou para mim
Um começo
Sem você minha vida não vale nada,
Sem você, não sei quem sou, quem eu sou.

Oh Lynn, eu preciso de você perto de mim,
Oh Lynn, por que você não me liberta
Estou preso neste mundo solitário, sozinho
Eu sou um homem que não tem uma casa

Você pode compartilhar sua vida comigo um pouco
Então talvez um dia novamente eu vou sorrir
E dizer que não quero que vá

Venha segurar minha mão apertada durante a noite
E entender que eu te amo

Até esse dia, eu sei o caminho
É ofuscante
Então, abrace-me e não solte
Oh Lynn

Por um tempo, as coisas correram bem com Lynn. Ela vinha para a escola todas as manhãs no ônibus escolar de Mike. Esperei por ela na porta dos fundos. Caminhamos para a aula da manhã de mãos dadas. Também me encontrei com ela no corredor depois de cada classe. Depois da escola, fui a casa dela, então se me virei e voltei para minha casa.

Uma manhã ela estava atrasada. Não tive muito tempo para chegar na aula.

"Você está atrasado," eu expressei meu descontentamento com palavras com raiva antes de sair com Mike nos meus calcanhares. Uma vez que Uma vez que as palavras saem de nossas bocas e passam nossos lábios, elas se tornam energizadas e assumem vida própria.

"Bruce, o que você está fazendo?" Mike me repreendeu. "O ônibus estava atrasado esta manhã."

Percebi então que tinha estragado tudo. No final da tarde, fui até Lynn em sua bancada de laboratório no laboratório de química.

"Lynn, peço desculpa pela maneira como agi hoje. Eu estava errado."

Isto deve resolver as coisas não é?

"Não se preocupe", disse ela.

Um suspiro de alívio. Então ela me olhou por alguns instantes.

"Este relacionamento acabou. Não quero mais nada a ver com você."

Eu suspirei. Respirar estava difícil. Meu coração batia alto em meus ouvidos. Deixei o laboratório quase tropeçando em uma mesa no corredor e sentei-me, mal segurando as lágrimas. Eu suspirei para o ar. Senti que verdadeiramente ia morrer. Eu queria morrer. Meu estômago agitado. Eu ia vomitar. *Respire fundo. Recupere o controle. Respire.*

Lynn confirmou o que eu já sabia. Eu não era amável. Não tive dúvidas. Mais uma vez, jurei que ninguém nunca me faria mal. Eu jurei com mais fervor do que nunca, para reconstruir as muralhas de defesa. Não havia ninguém para me ajudar com esta ferida emocional, sem pais para dizer o coração de todos fica quebrado, só eu.

Mais tarde naquela noite, sentei-me no chão do meu quarto em lágrimas. Glen Campbell estava cantando "Se vire, olhe para mim" No modelo de rádio de chão Zenith ao lado da minha cama. Levantando meu punho no ar, gritei alto para Deus. *Você não está fazendo nada para mim na minha vida. Você não me ama. Você tirou minha mãe. Me fez viver aqui. Não há ninguém para me amar. Meninas não me amam. Kandy não quer falar comigo. Lynn não me ama. Suzie não está interessada em mim. As pessoas na escola não gostam de mim. Minha vida não vale nada. É inútil. Estou a falhar em tudo. Para quê você serve? Eu odeio você. Rejeito-você em minha vida. Eu rejeito como meu senhor e mestre. O que você é, algum tipo de ditador? Saia.*

Isto era uma estrada que não deveria ter sido tomada, um porto que não deve ter sido inserido. Milton H. Greene, fotógrafo de Marilyn, uma vez disse, "a escuridão é um porto que puxamos ".

A voz suave de Glenn Campbell continuou a cantar, "*que há alguém que vai ficar ao seu lado. Vire-se, olhe para mim. e há alguém que vai amar e guiá-lo. Se vire, olhe pra mim*" Com Lynn fora, meus pensamentos vagavam para Suzie. *Ah Suzie* , eu soluçava- *Eu esperei, mas eu vou esperar para sempre para que viesse para me.* Soluços profundos estremeceram meu corpo, e lágrimas escorrerem pelo meu rosto. Sentei-me no chão segurando meus joelhos enquanto me inclinei contra minha cama. Muito tempo depois, escorreguei-me até a cama debaixo dos cobertores e fui dormir.

Capítulo Treze

A Peça Sênior

Eu não dei muita atenção para o que estava acontecendo no mundo durante o outono de 1962. Como um adolescente, as coisas que estavam acontecendo no meu mundinho. Nosso time de futebol americano do colégio capturou a coroa de liga de Oneida Central por ganhar de 12-7 contra a Academia Roma Livre sob as luzes na sexta-feira de 26 de outubro de 1962. Foi a primeira vez que tiveram uma temporada invicta desde 1951. No entanto, aparentemente, ao mesmo tempo um avião espião de U-2 descobriu mísseis em Cuba. Quando entrei na sala de estar uma noite, todos os olhos estavam fixos na tela da TV e o Presidente Kennedy estava prestes a falar do escritório Oval:

"Boa noite, meus concidadãos," disse Kennedy. "Este governo, como prometido, tem mantido a vigilância mais próxima da formação militar Soviética na ilha de Cuba. Na semana passada, evidência inconfundível estabeleceu o fato de que uma série vista de mísseis ofensivos está agora em preparação naquela ilha aprisionada. O objetivo destas bases podem ser nada além de fornecer uma capacidade de ataque nuclear contra o hemisfério ocidental...

"Será a política desta nação considerar qualquer míssil nuclear lançado de Cuba contra qualquer nação do hemisfério ocidental como um ataque da União Soviética aos Estados Unidos, exigindo uma resposta retaliatória completa à União Soviética"

Ah não, nós vamos ter uma guerra nuclear.

Pouco sabíamos o quão perto chegamos daquilo ser verdade. Não se soube até mais tarde, na Conferência de Cuba sobre a crise dos mísseis de Havana, em outubro de 2002, que em 27 de outubro de 1962 o USS Beale havia rastreado e retirado as cargas de profundidade de sinalização (o tamanho das granadas de mão) na B-59. Projeto Submarino soviético 641 (Designação da NATO Foxtrot) que, desconhecido para os Estados Unidos, estava armado com um torpedo nuclear de quinze quilotoneladas. Com a falta de ar, o submarino soviético estava cercado por navios de guerra americanos e precisava desesperadamente emergir. Surgiu um argumento entre três oficiais do B-59, incluindo o submarino Capitão Valentin Savitsky, o oficial político Ivan Semonovich Maslennikov e o Vice-Comandante da Brigada Capitão de Segundo Posto (equivalente ao posto de Comandante da Marinha dos EUA) Vasili Arkhipov. Um exausto Savitsky ficou furioso e ordenou que o torpedo nuclear a bordo estivesse pronto para o combate. Os relatos divergem sobre se o comandante Arkhipov convenceu Savitsky a não fazer o ataque, ou se o próprio Savitsky finalmente concluiu que a única escolha razoável que lhe restava aberta era chegar à superfície, o que ele fez. Durante a conferência, Robert McNamara afirmou que chegamos muito mais perto da guerra nuclear do que as pessoas pensavam.

Depois disso, as conversas nos corredores da escola eram vibrantes sobre as possibilidades de guerra, Cuba, e claro, os Kennedys. Havia uma inquietação não ditas no ar. Khrushchev proposto para remover os mísseis de Cuba se Kennedy prometeu não invadir Cuba. Kennedy concordou. Tudo isto acontecia no meio de nos preparar para o Peça Sênior, *Cartas para Lucerna.*

A Peça Sênior

Cartas para Lucerna era sobre os problemas enfrentados pela guerra que eclodiu em agosto de 1939. Ocorreu em uma escola de meninas em Lucerna, na Suíça. Este foi a primeira peça em muito tempo de tal força dramática realizada em Whitesboro High. John tocava Hans, Mike era François e eu era Herr Koppler.

Na peça, Erna, uma jovem alemã sensível, representou um problema de uma garota polonesa. A polonesa não pode mais esconder seus sentimentos contra Erna depois que seus pais morreram no bombardeio de Varsóvia. Além disso, a moça polonesa estava em um relacionamento amoroso com o irmão de Erna; no entanto, ele estava em um avião alemão perto de Varsóvia durante o bombardeio. Erna tentou esconder as cartas, o que lhe causou angústia e perplexidade insuportáveis. A diretora desse amável refúgio tentou valentemente preservar a frágil paz e tolerância. Finalmente, em uma cena profundamente comovente, Erna foi forçada a ler uma carta, que descreveu honestamente a posição de sua família e revelou a morte de seu irmão. Ele escolheu destruir a si mesmo e ao seu avião em vez de lançar bombas em Varsóvia. Isso absolveu Erma e dissipou para sempre a animosidade, que deslocou a compreensão e o amor da menina.

As apresentações foram agendadas para os dias 16 e 17 de novembro, sendo a sexta-feira para corpo estudantil durante a tarde, e o sábado uma apresentação noturna para o público.A excitação nervosa preencheu a atmosfera dos bastidores enquanto os alunos entravam no auditório. Rachael estava na aula de teatro e me ajudou a aprender minhas falas nas semanas anteriores. De pé ao meu lado, espiamos pelas cortinas entreabertas.

"Você está pronto?"
"Sim, por causa de você."
"Nervoso"?

"Um pouco".

"Dois minutos para abrir a cortina. Dois minutos para a cortina,"anunciou o gerente de estágio. "Entrar em suas posições. Boa sorte".

As cortinas se abriram. Derramamos nosso coração naquela peça. Os escritores do jornal da escola sentiram, escrevendo, "é preciso reconhecer que o desempenho de 'Cartas de Lucerna' é um dos melhores já apresentados. Esses Sêniors são reconhecidos como pioneiros no entretenimento adulto em nossa escola e devem estar muito orgulhosos de sua realização."

No entanto, havia algo errado, muito errado, quando nós nos apresentamos naquela tarde no corpo estudantil. Todos no palco podiam sentir. O público estudante estava rindo de nós. Tudo começou quando eu entrei no palco vestindo trajes tradicionais alemãs: shorts. Não é comum para garotos mostrarem seus joelhos naquela época. Acho que as crianças não entenderam a ameaça de guerra retratada na peça. Quando a cortina se fechou, as meninas do elenco tiveram um colapso total. Eles estavam procurando alguém, alguém para abraçar e confortar. Rachael voou para os meus braços do nada.

"Eles não gostaram da peça," ela chorou.

"Vai ficar bem." Tentei consolá-la.

Nós nos compomos da melhor forma que pudemos. Nossa redenção veio no sábado à noite. A audiência adulta entendeu a ameaça da guerra. Esses adultos viveram na Segunda Guerra Mundial e na Coréia. O desempenho daquela noite foi um sucesso total.

Foi maravilhoso estar se apresentando no palco novamente. Ouvir o aplauso foi como música para meus ouvidos.

No Natal, minha tia nos deixou colocar uma árvore, mas não

trocamos presentes. Isso parou porque o custo saiu do controle. Especialmente quando você considerava a véspera de Natal na casa da vovó, com muitas tias e tios, e um zilhão de primos, para não mencionar vovó e vovô. Ninguém podia comprar presentes para todos. Portanto, a família decidiu restringir as trocas de presentes. Em vez disso, tornou-se uma tradição que visitássemos as casas uns dos outros para um jantar polonês. Isso foi por um período de duas semanas. Kielbasa defumada caseira, perogies caseiros, golumpkies (rolos de repolho recheado poloneses), Kasha, bolinhos de batata, tâmara caseira e pão de nozes com creme de queijo, e Kruschicki (bolinhos de gravata poloneses). Eu nunca aprendi a celebrar um feliz Natal. Eu temia aquela temporada de jantares em família e pouca felicidade. Eu queria que as coisas tivessem sido diferentes porque isso me afetou durante toda a minha vida. Eu nunca gostei de comemorar o Natal e fiquei desconfortável trocando presentes. A alegria do Natal me evita.

Algumas semanas depois da peça sênior e perto do Natal, a campainha tocou. Abri a porta da frente e lá estava Mike na varanda fria e coberta de neve. Essa foi a primeira vez que Mike veio para minha casa. Eu não sabia que ele sabia onde eu morava.

"Oi, o que você está fazendo aqui?"

“Muitos de nós estamos nos reunindo na casa da Rachael para uma festa de Natal. Quer vir?"

Eu imaginei que eu daria uma outra chance para festas Afinal, estes eram meus amigos. "Ei, eu vou sair com o Mike", eu anunciei em direção à cozinha enquanto pegava meu casaco. Entramos em um carro que o pai dele estava dirigindo. No casa da Rachael havia lanches festivos e música de dança, e os móveis da sala de jantar haviam sido removidos para dar espaço para dançar. Nós nos sentamos e comemos biscoitos com queijo. Conversamos, dançamos e curtimos a companhia um do outro. No final da noite, quando as pessoas começaram a sair, Rachael sussurrou em meu ouvido: "Não vá. Fique mais um pouco."

Quem poderia resistir a esse pedido sedutor? Eu disse a Mike que iria para casa.

Rachael e eu estávamos finalmente sozinhos. Beijando e muito mais. A exploração de tesouros escondidos às vezes leva a descobertas bem-sucedidas.

Mesmo depois daquela noite, meu relacionamento com Rachael estava ligado de novo, e desligado de novo. Então, um sábado de manhã, alguns meses depois, enquanto eu acabava de terminar meu café da manhã com bacon e ovos, o telefone tocou .*Quem em nome de Deus poderia estar ligando tão cedo num sábado de manhã?* Fui e peguei o telefone no canto da cozinha.

"Olá".

"Oi, sou eu."

Reconheci a voz de Rachael. "O que está acontecendo?" Eu perguntei.

"Ei, escuta. Meus pais estão fora da cidade e eu estou em casa sozinha na minha cama. Por que não vem cá?"

"Uh, eu acho que não posso fazer isso," Eu respondi como meus olhos observavam tia Gene ali escutando.

"Oh querida, realmente quero que venha e fique comigo. Eu estou t-ã-ã-ã-ã-ã-ã-o solitária. "

"Rachael, não vejo como isso pode acontecer. Tenho que ir. Falo com você depois. Bye."

"Quem era?", perguntou minha tia.

"Rachael", eu respondi.

"O que que ela queria?"

"Ela queria que eu fosse na casa dela."

"Bem, deixe-me te dizer uma coisa, senhor. Se não se comportar, levarei você para falar com um padre. Não ouse engravidar uma garota, você está me escutando? Se você o fizer, você vai procurar por outro lugar para morar. Você não vai poder viver debaixo do meu teto. Você está me escutando?

"Sim," respondi revirando os olhos. Eu voltei para terminar o meu café da manhã, enquanto me fantasiava como que uma visita à casa de Rachael poderia ter sido.

Capítulo Quatorze

A Ciência da Maravilha

Mike e eu eram membros do clube de Ciências, porque éramos nerds da ciência e porque iriamos ir para faculdade de pré-medicina. A feira de Ciências foi realizada em abril de nosso último ano. Os alunos registrados apresentariam seus projetos científicos para um painel de juízes. Os vencedores do primeiro lugar iriam para Nova York para competir nas finais estaduais.

A idéia de Mike era injetar ovos de galinha com algo para ver se ele poderia causar alguma anomalia médica. Eu nunca entendi o porque disso. No entanto, desde que ele estivesse no caminho certo do estudo para se tornar um médico, o alto nível de dificuldade de seu experimento certamente era impressionante. Eu decidi que podia fazer algo tão difícil assim também.

Com a ajuda do nosso professor de Ciências, comecei a pesquisar revistas científicas e resumos. Um dos meus pontos fortes foi a pesquisa literária, e usei as bibliotecas públicas e universitárias. O instrutor de ciências tentou me interesssar em pesquisar bolhas de sabão e em maneiras de melhorá-las. Na época, achei que era um projeto estúpido. Agora, vendo os comercias de TV para detergentes, não estou tão certo.

Tendo terminado a biologia e química, tive um histórico decente para projetar um experimento sobre como os produtos químicos induzem problemas médicos. Eu encontrei um artigo em um resumo químico intitulado "Cirrose induzida por tetracloreto de carbono". Eu hipotetizava que talvez outras substâncias químicas, como a acetona, fizessem o mesmo. A acetona foi usada em muitas coisas, incluindo removedor de esmalte. Eu projetei uma experiência pela qual eu expunha uma cobaia sob condições controladas e vapores de acetona ao longo do tempo, então dissecava seus órgãos para avaliação microscópica.

De alguma forma, o tio Stan, que trabalhava no Hospital Estadual de Utica, descobriu sobre meu projeto. Ele conversou com o patologista no local para mim ter um porquinho da Índia em sua área de gaiolas de testes e realizar minhas experiências lá. Também fui instruído sobre como preparar as amostras de tecido em lâminas e manchá-las para exame. Isto ocorreu durante um período de vários meses antes da feira de Ciências.

Abril veio, e eu fiz uma exibição impressionante. Um das minhas lâminas manchadas de tecido hepático parecia ter um possível defeito. Expliquei meu projeto para os juízes, o que estava tentando determinar, como eu fui em minhas experiências, onde eles foram feitos e finalmente, como as lâminas de tecido foram preparadas. Acabei por dizer que pareceu que poderia haver algum tipo de anomalia, mas no momento da minha apresentação, os resultados foram inconclusivos.

Os juízes à esquerda, aparentavam estar impressionados. Eu vagava observando projetos dos outros alunos. Eu vi um nível muito elevado de atividades inteletuais e nem esperava que um prêmio para o meu projeto baseado na competição. No final do dia, concederam as fitas. Mike ficou em primeiro lugar. Para minha surpresa, havia uma fita de segundo lugar na minha cabine. Isso surpreendeu a todos na escola, inclusive Mike.

Nas semanas antes da formatura, eu estava ocupado com o elenco o senior do próximo musical, *The Boy Friend.* Durante os ensaios, tivemos que dançar o Charleston. Pode-se pensar com o meu treinamento de dança no passado, isso foi um acéfalo. Não só isso, foi a minha oportunidade de ouro para dançar com Kandy novamente. Até o momento eu não tinha idéia de como dançar o Charleston. Eu me saí horrivelmente na frente de todos, incluindo Kandy. Eu acabei pegando uma parte menor ao invés de uma linha do coro.

O baile de formatura também estava chegando. Eu pedi Barbara da classe Júnior para ser meu par. Ela era uma das mais bonitas, e mais populares das garotas na escola. Eu tinha uma pequena vantagem, já que o pai dela e o meu pai haviam sido amigos durante a WWII (Segunda Guerra Mundial). Meu pai foi o padrinho do casamento do pai dela. Minha mãe havia me mostrada as fotos meses antes de sua morte.

Bárbara aceitou. Quem diria. Eu sonhava sobre como seria entrar no baile de formatura com todos os olhos em mim e Barbara. "Olha com quem Bruce está," eles pensariam. Barbara nos meus braços e eu andando no ar.

Então fui atingido por um imprevisto na minha casa.

"Você precisa chamar a minha amiga para o baile de formatura"

"Mas Cheryl, tenho um encontro. Eu já pedi Barb e ela aceitou. "

"Bem, ela é uma Júnior. Você precisa uma um Sênior para o baile de formatura. Especialmente aquelas que não tem um par"

"Bem, me desculpe, mas eu nem gosto dela."

"Bruce, é justo que você deva convidar Veronica para o baile", disse tia Gene. "Não é certo que ela perca o baile de formatura, porque ela não tem um par". Agora elas estavam se juntando contra mim.

"Mas como é que eu vou dizer Barb que não posso levá-la?"

"Só faça".

De alguma forma eu o fiz. A história da minha vida, cheia de lembranças desagradáveis.

Durante as semanas anteriores à formatura, a caixa de correio estava cheia de cartas de diferentes faculdades, representantes do estado de Nova York e da minha prima Marilyn. Toda semana eu esperava receber suas correspondência de Detroit. Ela sempre colocava um código na parte de trás do envelope, as primeiras letras de palavras que ela deixava para decifrar. Como TGTBFG, AFY representava Too Good to Be Forgotten, Anything For You (Muito Bom para ser Esquecido, Qualquer Coisa para Você). Ela fingiu que éramos namorado e namorada, o que influenciou o conteúdo de suas cartas. Reforçou o vínculo especial entre nós. Isso foi especial para mim porque as únicas vezes que eu via outros membros da família era em feriados, casamentos ou funerais. Suas cartas continuaram até eu ir para a faculdade.

As cartas dos Representantes Estaduais estavam me parabenizando por ter passado no exame de uma Bolsa de Nova York, que poderia ser usada em uma faculdade no Estado de Nova York. Todas as outras cartas eram cartas de rejeição, exceto duas. Uma da Universidade de Utica que afirmou que se eu fizesse três cursos durante o verão e os passasse, eles me aceitariam. Você está brincando comigo? Isso significava viver em casa. Esse não foi o plano. Estava na hora deste passárinho voar. A outra carta era da Universidade da Aliança, em Cambridge Springs, Pensilvânia. Eles eram afiliados à Aliança Nacional Polonesa. Eu acho que tudo o que era necessário para aceitação era só você ser polonês. Eles me aceitaram mesmo com minhas notas ruins. Já que era uma certeza, foi o meu ingresso para fora, que provavelmente era mais importante para mim naquele momento do que satisfazer o desejo de minha mãe de "estudar muito e ser um médico".

Capítulo Quinze

Passagem Injusta

Eu estava tão pronto para sair da casa da minha tia e ser meu próprio homem. No entanto, eu tive alguns meses para matar depois da formatura do ensino médio e antes da faculdade. Meus amigos e eu passamos aquelas noites quentes de verão no Blue Note Bar e Grill, que tinham uma banda e uma pista de dança, ou na pizzaria de Nofri. Eu definitivamente lembro do meu Chevy 1960. Uma noite se destaca dentre as outras em minha memória. É uma que acabou me moldando de maneiras que eu nunca poderia ter imaginado.

Eu estava levando Rachael para casa, e fiz um desvio para a colina WKTV acima de Utica, NY, para uma vista do Vale Mohawk.

Eu deslizei e beijei Rachael, lentamente no começo, mas depois longos, fortes e apaixonados. A paixão transbordou como uma onda de tsunami forçando o caminho do oceano do desejo. Depois de parar para recuperar o fôlego. Rachael virou a cabeça, pressionou sua mão e testa contra o vidro da janela enquanto olhava para fora. Ela estava olhando para ver se que se alguém que estava lá fora pudesse nos ver. Aqui em cima, na colina, não havia ninguém por perto. Ela abriu sua bolça e tirou uma bala de menta.

A antecipação avassaladora foi maior do que poderia suportar.

Em seguida, uma pequena voz gritou em voz alta de seu esconderijo subconsciente. *Não pode fazer isso. É um pecado e você vai para o inferno. Condenado por toda a eternidade. Seja um bom menino. Seja um bom menino católico. Se você não se comportar, vou levá-lo para falar com um padre. Ouça sua tia e seu tio. Não se atreva a engravidar uma garota. Você procurará outro lugar para morar.*

Estes são o tipo de momentos na vida de um adolescente que podem levar a profundas feridas emocionais duradouras. Minhas crenças não-cristãs eram fortes. De repente tudo deu terrivelmente errado.

"Esquece", deixei escapar emocionado.

"O quê"?

A humilhação tornou-se permanentemente armazenada na sala mental, onde lembranças do passado serpenteiam sem pensar até serem chamadas para mutilar e destruir.

"Esqueça, precisamos sair", eu consegui dizer com os dentes cerrados. Mortificada, virei a cabeça para longe.

Eu sou um fracasso.

Eu deslizei sobre parte traseira atrás do volante. Então a levei para casa em uma silêncio ensurdecedor.

Nós simplesmente não sabemos como nossas feridas emocionais da infância nos moldarão nos adultos feridos que nos tornamos, agora, nós? Anos mais tarde, do treinamento de ministério, eu sei de ler o livro do Dr. Grant Mullen, *Porque é que me sinto tão para baixo quando minha fé deve me levantar* que, se nosso processo de maturação emocional durante a puberdade prosseguir corretamente, passaremos de uma visão interior, estágio autoconsciente, para um estágio autoconsciente, voltado para o exterior, onde nos sentimos seguros em nossa identidade e autovalor ". Ele afirma que" para passar com sucesso pela adolescência emocional, devemos chegar ao lugar da auto-aceitação. Se o desenvolvimento parar neste ponto, a pessoa será continuamente impulsionada pela dor emocional da insegurança, da autoconsciência e da inadequação para buscar uma identidade. Este estado é o de estar em umaa adolescência emocional perpétua, independentemente da idade ".

Ele também afirma que "uma pessoa nunca pode encontrar auto-aceitação na aprovação dos outros. As pessoas presas nessa armadilha serão, durante toda a sua vida, introspectivas, inseguras, autocríticas, ansiosas e inseguras. Quando a adolescência emocional permanece sem cura, as pessoas se odeiam e se preocupam com seu próprio sentimento de vazio, culpa, vergonha e inadequação ".

Para mim, uma ferida emocional ocorreu na colina WKTV, com vista para as luzes da cidade de Utica, NY. O dado foi lançado. O molde concluído e esculpido. Eu nunca imaginei as conseqüências à frente.

Ferido e Quebrado

Capítulo Dezesseis

Carreira e o Casamento

Ela recebeu a mina de ouro e recebi o eixo. Fui embora com minhas roupas, minhas ferramentas e a caminhonete, após onze anos de casamento. Um casamento que incluía os gémeos fraternos e um cão pastor inglês chamado Sam. Ela conseguiu a casa e tudo que estava dentro, as crianças, o chachorro, o outro carro, e até mesmo os móveis de 150 anos da sala de jantar da minha vó. Na qual era absolutamente lindo. Cabeças de leão esculpidas e pernas com garras adornavam a mesa e o armário de porcelana. O armário de porcelana tinha prateleiras de vidro, lados curvos de vidro e uma porta de vidro curvada. Um comerciante de antiguidades que havia aparecido em sua porta, ofereceu $10.000 para para a vovó pelo armário de porcelana. Notei que ele havia feito uma oferta baixa, já que ele valia bem mais do que isso. Nunca consegui avaliador - que exigiria um especialista em móveis da antiguidade, e não tinha ideia de onde encontrar um.

Ela reclamou que mesmo que erámos casados, ela nunca se sentiu tão só em toda a sua vida. Eu não conseguia entender o porquê.

Olhando para trás, esses onze anos acabou afetando o resto da minha vida. E realmente começou antes disso. O primeiro dia de faculdade, minha vida mudou.

Eu fui até o bar, cheio de confiança e pedi uma cerveja.

"Posso ver sua identificação?"

"Claro, sem problema," Eu respondi com um sorriso. Eu tinha 18 anos e era permitido beber legalmente no estado de Nova York. O garçom olhou para minha carteira de motorista.

Graças a Deus esta cidade tinha seis bares. Agora estava livre de casa e pronto para testar meus limites.

"Desculpe, que não posso atendê-lo. Você terá que ir embora."

"O que? Tenho 18 anos."

"Estás na Pensilvânia agora, querido. Você tem que ter vinte e um para beber. "

"Você deve estar brincando comigo."

"Não, claro que não."

"Eu posso me alistar no exército, ser enviado para guerra e ser morto aos dezoito anos, mas eu não posso beber cerveja aqui? Bem, isso é um monte de merda. "

"Sinto muito".

Eu à esquerda, com raiva de mim. Eu deveria ter verificado isso antes de escolher uma faculdade. Tinha acabado de me mudar para Cambridge Springs, Pensilvânia, casa da faculdade da aliança. Foi-lhe dito que havia duas placas designando Cambridge Springs. Um dizia "Você está entrando Cambridge Springs" e a outra dizia "Você está saindo Cambridge Springs". A distância entre as duas placas era de dois pés. O centro da cidade tinha dois blocos de lojas que pareciam ter saído dos anos 1940.

Cambridge Springs tinha uma história rica como o local de férias dos ricos e famosos depois de 1860, e minha orientação de primeiro dia na Aliança fez com que eu me desse conta da cidade e da história da escola. Tudo começou quando o Dr. John Gray enfiou uma haste de metal no chão de sua fazenda e descobriu água mineral de cristal. Em 1903, mais de quarenta hotéis, casas de primavera e casas de hóspedes recebiam visitantes. Oito trens por dia levaram os hóspedes ao famoso resort. As pessoas vieram para receber os benefícios de cura das fontes minerais. Resorts como o Riverside Inn e o 500-room Rider Hotel ofereciam terapia com água mineral. O Rider Hotel foi vendido para o Polish National Alliance College em 1912 para uma nova escola técnica. O Presidente William Taft estava presente nas cerimônias de abertura.

Eu fui registrado em aulas de medicina nos meus dois primeiros anos. No entanto, minhas notas baixas eram uma indicação de que a faculdade médica não iria acontecer. Meu professor de biologia tinha um sotaque forte e pronunciava fish(peixe) como pish(F com som de P). Eu não conseguia entender metade do que ele ensinou. Eu também estava fazendo alemão em vez de francês como parte do meu currículo de pré-medicina. Eu não tinha habilidades de estudo e estava mais interessado em Festejar 101.

Um dos meus amigos, Rick, era do Uruguai. Seu pai era o embaixador dos EUA lá. A única razão pela qual ele veio para a Aliança foi porque era onde o pai dele fez a faculdade. Acontece que ele também era um bom cantor e tocava violão. Ele e eu nos juntamos a outro cara para começar um grupo de músicas do povo que chamamos de “Nós, três”. Eu ainda tinha a guitarra da minha mãe para nos acompanhar. Fomos convidados a dançar em outros campos. Eu estava em casa durante o verão de 1964. Meu amigo de escola, Butch, que vivia na minha rua, e eu estávamos curtindo nosso verão. Conseguimos ir ao Carnaval de um Bombeiro Voluntário quase todo fim de semana. Enquanto estávamos lá, ficamos entre a tenda de cerveja e a tenda de moluscos cozidos no vapor.

Outras noites, nós viajávamos. Sempre à procura de meninas, uma noite nós fizemos uma festa na casa da minha amiga Carol. Ela passou um ano estudando no exterior, então ela não se graduou com a minha classe. Ela completou seu último ano depois de sua volta, e esta era sua festa de formatura.

Entrámos na sala de estar e ali, e sentada em uma cadeira de pelúcia, estava Adriane . Uma loira linda, linda de morrer, cuja beleza tirou o meu fôlego. Ela era o tipo de garota que me fazia morder meu dedo indicador com força e gemer. Ela era amiga da Carol de Rome Free Academy.

"Oi. Quem é você?"

"Adriane".

"De onde você é?"

"Roma, Nova York."

"Oh. Quer beber?

"Claro".

Eu corri para a cozinha e peguei uma garrafa de rum. Eu servi a nós dois um copo com quatro dedos de altura.

"Aqui". Dei-lhe o copo de líquido dourado. "Isso deve tornar as coisas interessantes."

Ela tomou um gole, olhou para o copo, olhou para mim, sorriu e depois riu.

Saí logo depois. Carol me ligou umas semanas mais tarde.

"Oi, Bruce. Lembra da Adriane? Ela gostaria de falar com você. Quer o número de telefone dela?"

"Claro".

Fiquei impressionado como uma garota com a figura de Marilyn Monroe estaria interessada e uma pessoa tão pouca amável quanto eu. Nós nos encontramos e começamos a namorar. Logo nos tornamos apaixonadamente envolvidos. Eu sabia que ela era a certa; no entanto, eu estava planejando a escola de pré-medicina e medicina e sabia que o casamento teria de esperar. Eu a tratava como uma rainha e a coloquei no alta de um pedestal para ser adorada e amada. Ela reclamava que ela não era o tipo de menina de ser colocada em um pedestal. Suas reclamações passavam por um ouvido e vazava no outro.

Eu me recusei a ir nadar nu com ela no dia em que ela queria. Eu não iria ir além de beija-la. Não queria fazer nada que iria arruinar a relação. A ferida emocional da colina WKTV foi ainda estava fresca na minha memória, e não queria arriscar alguma coisa como essa novamente.

Adriane foi para longe para a faculdade. Nós namoramos durante o verão e feriados. Então recebi uma carta dela dizendo que ela iria se casar. Fiquei surpreso. E então com raiva de mim mesmo. Se ao menos eu tivesse feito as coisas diferente. Ela tinha falado sobre o casamento. Eu falei primeiro sobre cerca de oito anos de faculdade.

A pessoa certa havia fugido? Talvez, e mais uma vez, talvez não. Mas o que mais me doeu era que eu tinha sido rejeitado novamente. Um exilado. Não é digno de ser amado. Eu não conseguia me livrar do padrão repetitivo. Eu ia ter que me tornar uma pessoa perfeita. Então talvez alguém me amaria.

No final do meu segundo ano, saí pela porta com suspensão acadêmica por um ano, graças às minhas notas baixas. Recusei-me a aceitá-lo sem lutar. Eu frequentei o Faculdade de Utica e fiz três cursos durante o semestre de outono. Graças ao meu esforço, fui admitido de volta à Aliança em janeiro, seis meses mais cedo.

Conheci Judy na loja Mr. Pizza na primavera de 1966, logo após minha suspensão acadêmica de seis meses da faculdade. Ela era veterana no Ensino Médio Cambridge Springs. Sua mãe administrou a pizzaria onde trabalhava depois da escola. Ela tinha cabelos loiros, uma figura de ampulheta, um bom senso de humor, e ela era uma grande jogadora de sinuca. Com o tempo, nos tornamos bons amigos. Eu compartilhei tudo com ela. Nós éramos próximos, mas nada mais do que amigos, e eu queria assim. Depois de ter meu coração partido novamente, por Adriane, eu não estava pronta para outro relacionamento. O desgosto de Adriane pode ter me ajudado a manter distância de Judy, mas isso não poderia durar para sempre.

Finalmente, Judy e eu entramos em um relacionamento próximo e sério. Eu me formei na faculdade com bacharelado em biologia. Eu não estava qualificado para me inscrever na escola de medicina. Eu não consegui realizar o desejo de morte da minha mãe. Para piorar as coisas, as empresas farmacêuticas queriam contratar pessoas com mestrado e doutorado.

No entanto, consegui um emprego no Hospital de Estado Mental Marcy como assistente de patologia no laboratório. Auxiliei em autópsias, preparei amostras de tecido e tirei amostras de sangue de pacientes nas enfermarias.

Pedi a Judy que se casasse comigo no Memorial Day (um dia em que aqueles que morreram no serviço militar ativo são lembrados). A tia Gene empurrou o casamento para setembro, e nós concordamos. Judy, de 19 anos, planejou nosso casamento com sua mãe em dez semanas, com pouca ajuda da minha família.

Nós nos casamos em 7 de setembro de 1968 e passamos a lua de mel nas Bahamas. Ela imediatamente ligou para a mãe assim que chegamos lá. Eu deveria ter visto isso como um sinal de como seriam os futuros dias de nosso casamento. Daquele ponto em diante, ela ligava para a mãe diariamente e às vezes duas vezes por dia.

Depois da lua de mel, nós vivemos em um pequeno apartamento em Utica, duas quadras da cervejaria Utica Club. O ar estava cheio com os aromas de fermentação. No entanto, depois que os gêmeos, Tammy e Tricia, nasceram, voltámos para Cambridge Springs para que Judy pudesse estar perto de sua mãe. E claro, sua família e amigos.

Minha ideia de casamento era bem tradicional. O marido era o provedor. Ele trabalhava duro, se divertia com seus amigos do bar em happy hours (termo utilizado para o horário na qual os bares vendem bebidas alcólicas por um preço reduzido), e depois ia para casa. O que mais uma mulher poderia querer de um relacionamento? Ela tinha uma casa, filhos, comida, gatos, um cachorro e um marido que cuidava dela. Ela tinha sua mãe para conversar, junto com sua irmã e amigos. Não havia necessidade de conversas pessoais profundas e diárias entre nós, havia? Com certeza, eu não precisava dizer: "Eu te amo". Eu me casei com ela, não é? Isso foi o suficiente para mostrar a ela que eu a amava. Além disso, eu não tinha tempo para essas coisas. Eu estava muito ocupado trabalhando na minha carreira.

Eu me tornei um empregado na Lord Corp. como técnico de laboratório. Eu amava. Especialmente após a transferência para o departamento de revestimentos. No entanto, eu estava cego para a necessidade de fazer parte da cultura corporativa. Minha filosofia sempre foi de que se isso parecesse com um peixe podre, cheirava a peixe podre, então era um peixe estragado. Eu então disse como era. Você preferiria estar certo ou andar em torno dos sentimentos de outras pessoas, construir relacionamentos e ter amigos? Era mais importante para mim estar sempre certo.

Comecei a receber avaliações de desempenho insatisfatórias e nunca entendi o por quê. Com cada revisão de desempenho, tentei melhorar. Mas para mim, isso significava apenas trabalhar para fazer o meu trabalho melhor. Minha necessidade de perfeição estava trabalhando contra mim, e eu não conseguia ver que estava falhando de outras maneiras. Até a revisão onde eu estava escrito para "aparentando caminhar muito devagar". Eu sabia que nada que eu pudesse fazer mudaria o meu resultado.

Infeliz no trabalho, fui à procura de companheirismo e felicidade em bares. O happy hour era onde eu achava um sentimento de onde eu pertencia, onde as pessoas gostavam de mim e me entendiam. Havia um certo entendimento tácito entre nós que nos aproximávamos do bar.

E eu não tinha motivo para correr para casa. Esse relacionamento se tornou frio em todos os sentidos. Essa foi uma das razões pelas quais me juntei aos Elks. Estava a caminho de casa e a irmandade era ótima. Além disso, o álcool anestesiava a dor inconsciente.

Um dia, um executivo da empresa veio às nossas instalações e apresentou um novo plano de benefícios corporativos. Isso reduziu o que já tínhamos. Seu comentário final foi: "Se você não gosta do plano, não deixe a porta te chutar na bunda ao sair." Aquilo irritou-nos o suficiente que formamos um comitê organizador sindical. Eu fui um dos líderes. Na minha cabeça, eu sabia que estava fazendo a coisa certa. Minha teimosia polonesa não recuaria. Meu chefe descobriu que eu era o organizador. Nos prevalecemos todo o caminho até a votação. Nós não deveríamos. Os únicos votos com sim eram dos organizadores. Eu fui jogado para fora em cinco anos como parte de uma demissão em massa. Mas a essa altura, Judy e eu já estávamos divorciados.

Judy e eu nunca brigamos. Nós nos casamos como amigos e permanecemos assim. Nós apenas nos distanciamos ao longo dos anos, indo por caminhos diferentes. Passei a maior parte do meu tempo livre em um bar ou no clube Elks. O resultado foi previsível.

Nos anos após o divórcio, tentei preencher o vazio com o teatro comunitário. Eu estava em performances de *Vale tudo* em 1980, *Garotos e Bonecas* em 1981 e *Carrossel* em 1982. Em *Vale tudo*, eu era o senhor Evelyn, um rico cavalheiro inglês. Na cena onde eu estava sendo seduzido na minha cabine, eu usava um par de shorts com corações de namorados e macacos. Nos shorts estava impresso "Vamos fazer macaquices por aí". O diretor da banda abaixo do palco da frente estava rindo tanto que quase teve um problema com roupas.

Eu tinha a liderança, Billy Bigalow, em *Carrossel.* Enquanto eu cantava " Minha filhinha, toda vestida de branco, pêssego e creme, é ela", Eu estava olhando para as minhas filhas gêmeas na fila da frente, tentando se esconder do constrangimento. Eu dei o melhor desempenho da minha vida e você deveria ter ouvido o aplauso. Mas não foi o suficiente para preencher o vazio dentro de mim. A dor no meu coração permaneceu. Eu ansiava por um relacionamento mais profundo. Uma conexão significativa. Ser amado.

Recebi meu último cheque de desemprego no dia em que me mudei para a Flórida. Isso me separou das minhas filhas, apenas para vê-las em ocasiões especiais. Eu tinha conseguido um emprego com um fabricante de tintas em Hialeah. Eu encontrei um bom apartamento em Miami Lakes. A área parecia um terno novinho em folha. Eu amei os dias ensolarados e as temperaturas quentes. Foi uma mudança definitiva da deprimente e triste região de Erie, na Pensilvânia, com apenas sessenta e oito dias de sol.

Minha rotina de happy hour continuou depois do trabalho. Velhos hábitos são difíceis de morrer. Havia um bar a caminho de casa e outro do outro lado da rua. Eles estavam cheios da multidão habitual de happy hours de profissionais.

Como novato, minha nova amiga, Kitty me levou sob suas asas maternas e me apresentou a todos. Eu agora tinha um grupo completamente novo de amigos assim como eu. Foi como aquele programa de TV *Cheers*. Todo mundo sabia meu nome. A maioria das noites terminavam tarde, perto da meia-noite, e conversas assustadoras comigo mesmo.

"Brian, onde está o carro?"

"Tivemos que deixá-lo no estacionamento. Você não queria que nos arriscássemos por outro DUI (Driving Under Influence/condução sob a influência)? Como da última vez em que o policial estacionou no estacionamento atrás do bar. Você decidiu dirigir até Hialeah Elks para tomar mais cervejas com seus amigos. Estava escuro e você não conseguia ler os sinais da rua. Portanto, você cruzou a linha central para ver direito. Isso fez com que você parasse. O policial cheirava a álcool e não conseguia demonstrar como andar na linha branca ao lado da estrada, mas mesmo assim foi rebocado."

“Ele estava bêbado e você sabia disso. Você falhou no teste do bafômetro na delegacia. Você queria gritar que o oficial que o prendeu precisava fazer o teste de bafômetro primeiro. Que isso era uma armadilha. No entanto, você estava com medo de quais seriam as conseqüências. Você sabia que uma segunda ofensa DUI agora seria perda da carteira e um ano de prisão. Sem mencionar seu trabalho.”

“Ok, ok, eu sei. Eu lembro."

“Nós nos divertimos ontem à noite. Que pena você não se lembrar. Nós jogamos dardos. Por um tempo você estava ganhando. Acertou o centro do alvo. Riu muito. Então havia aquela mulher.

"Mulher, que mulher?"

“A professora mais velha que acabamos tendo, bebendo a noite toda. Tinha ótimas conversas. Então fizemos a pergunta.”

"Oh não, que pergunta?"

“Nós dissemos que estávamos sozinhos e que gostaríamos de dormir com ela hoje à noite. Para segurar e acariciar.”

"O que ela fez?"

"Bem, ela não está aqui agora, ela está?"

“Brian, como você pode fazer essas coisas comigo? Eu tenho que enfrentar essas pessoas em público. Só vou ter que dizer a eles que alguém deixou Brian, e meu outro eu, sair da caixa. Agora eu não posso voltar àquele bar por pelo menos uma semana. Talvez isso seja tempo suficiente para que ninguém se lembre do que você fez.

O padrão repetia-se a cada semana, de uma barra à outra, como um trem em câmera lenta acelerando em direção a uma ponte desbotada sobre um desfiladeiro, sem maneira de parar. E não foi apenas o meu comportamento que estava fora de controle, assim como meus cartões de crédito. Uma cerveja de US $ 2,50 no happy hour soma dez cervejas por noite, cinco dias por semana. Eu agora tinha um hábito de US $ 500,00 por mês que estava construindo uma dívida astronômica de cartão de crédito.

Capítulo Dezessete

Transições

Era comum as empresas avaliarem sua situação financeira no final do ano fiscal em dezembro. Em 4 de janeiro de 1985, eu estava desempregado e incapaz de cobrar desemprego. Outra empresa de pintura me contratou, mas me largou depois de três meses. Agora eu estava muito desesperado. Kitty me apresentou a seu amigo Peter no happy hour. Ele perguntou o que eu estava procurando em relação a empregos e sobre minhas qualificações. Ele era dono de uma pequena empresa distribuidora de produtos químicos e me disse para vir na manhã seguinte. Depois da minha chegada, ele me levou para a sala de conferência cheia de sua equipe sentada ao redor da mesa.

"Este é Bruce Brodowski. Veja se podemos usá-lo."

Mais tarde, fui contratado para estabelecer um programa de controle de qualidade para sua empresa. Em pouco tempo, estabeleci um laboratório de testes para produtos químicos de entrada. Por fim, acabei sendo gerente de controle de qualidade, gerente de resíduos perigosos, gerente ambiental, gerente da OSHA e gerente de qualquer outra coisa que nos mantivesse longe de problemas com regulamentações governamentais. Depois de um tempo, tornei-me amigo de Rickey, o cunhado de Peter. Especialmente depois do divórcio de Rickey. Nós saímos juntos em happy hours. Participamos de bares com boas bandas de músicas sertanejas e fomos a shows de músicas sertanejas em parques. Sua família morava no Alabama e viajamos para lá algumas vezes nos finais de semana. Por causa dele, eu me apaixonei pela música sertaneja e pelo estado do Alabama. Ele estava sempre lá para mim em todos os meus problemas.

Foi durante esses anos que fui à minha vigésima quinta reunião do ensino médio.

Kandy e Suzie estavam entre os participantes.

Eu fui até Kandy.

"Oi".

Ela permaneceu fria e silenciosa.

"É bom te ver."

"Bruce, você foi o primeiro garoto que partiu meu coração. Eu te mandei cartas e você nunca escreveu de volta."

"Cartas, que cartas? Kandy, eu não me lembro de receber cartas de você.

"Bem, eu as enviei."

Depois de todos esses anos, finalmente soube por que Kandy nunca quis falar comigo. Eu também suspeitava que as cartas que ela enviou foram mantidas por minha tia. Sua maneira de cortar o passado e estabelecer o fechamento.

Depois, enquanto todo mundo estava se misturando em conversas, eu me escondi em uma extremidade quieta do bar e me afoguei no whisky. No final da noite, quando as pessoas estavam indo para casa, eu tinha bebido pelo menos meia garrafa. Suzie sentou ao meu lado, contando sobre seus quatro filhos e a vida em Michigan. Então ela perguntou se eu queria ir para o café da manhã. Eu disse não. Tia Gene e tio John estavam em casa com a porta dos fundos destrancada. Eles não me deram uma chave da casa, embora eu estivesse ficando lá. Eu senti que não deveria ficar fora a noite toda para a segurança deles.

Então Suzie se virou para falar com alguém atrás de nós.

"Eu nunca pensei que estaria vindo para a nossa 25ª reunião de classe estando recentemente divorciada", disse Suzie.

Imediatamente, minha mente ficou louca. Álcool faz coisas estranhas com os processos de pensamentos. *Ela está divorciada. Poderíamos ter um café da manhã. Então ir a algum lugar para ficar sozinho. Onde iríamos? Não, não posso fazer isso com ela."*

"Tem certeza que não quer ir para o café da manhã?" Suzie perguntou novamente.

"Não, eu não posso. Eu preciso ir para casa."

Eu nunca deveria ter dirigido naquela noite, mas de alguma forma o carro chegou ao nosso destino com segurança.

Muitas vezes, anos depois, eu voltava para Utica e procurava o nome de Suzie na lista telefônica. Ela havia se mudado de Michigan e estava listada em um endereço de New Hartford. Pensei em ligar para ela e me encontrar com ela. No entanto, que bem isso teria feito? Eu estava vivendo na Flórida inseguro com um futuro incerto. Um relacionamento de longa distância não teria funcionado. Não haveria futuro nisso. Eu não estava interessado em voltar para Utica. Eu não queria estabelecer uma amiga com uma relação de benefícios, embora duvide que isso teria acontecido com Suzie. Afinal, eu era alcoólatra e Suzie não precisava experimentar isso. Eu nunca peguei o telefone para fazer a ligação. Isso pode ter sido um erro. No entanto, meu destino estava sob meu controle, embora minha sorte não estivesse.

Em minha busca por companhia feminina e diversão, encontrei os grupos de apoio da Diocese Católica de Miami para pessoas separadas e divorciadas. Eu participei de suas funções de dança. Foi uma boa maneira de conhecer mulheres e se divertir. Em uma dança em particular, eu olhei para o outro lado da sala, e lá estava uma mulher loira morango (cor meio avermelhado) que eu não tinha visto antes em outras danças. Nós dançamos. Ela me disse que tinha três filhos e eles vinham em primeiro em sua vida. Foi então várias semanas depois em outra reunião que ela me deu seu número de telefone.

B.J. vivia em Coral Springs, que ficava a uma hora de carro ao norte de Miami Lakes. Entramos em um relacionamento sério. No entanto, eu não liguei para ela todas as noites por causa do custo. Eu também estava ocupado aproveitando meu tempo em happy hours durante a semana. Eu não queria que ela soubesse que eu era alcoólatra. Eu só a via nos finais de semana por causa da distância, então era fácil esconder. Eu também não queria que ela soubesse da minha situação de trabalho instável.

Seus filhos eram ótimos. Eu gostei deles e eles gostaram de mim. Nós fizemos o jantar e encontros da noite de filmes. Então nós dois fizemos uma viagem para a Disney. Eu fiz isso sem muitos problemas. Levamos as crianças para a praia e fizemos piqueniques nos parques estaduais. Nós também fizemos viagens sem as crianças para Key West e outros locais.

Todo esse tempo eu não pude permitir um profundo relacionamento íntimo. O medo do fracasso e da rejeição permaneceu em minha mente. Permitir-me amar apenas abriu a porta para me machucar novamente. Eu tenho boas lembranças dos nossos tempos juntos. Especialmente na noite romântica em que nos encontrávamos no calçadão da Praia de Hollywood e observamos uma lua cheia surgir no céu no horizonte. Nossos lábios se fecharam apaixonadamente em um momento de felicidade. Eu nunca esquecerei aquele momento. Esse foi o momento em que eu tinha certeza de que ela era a única para mim. No entanto, eu não era a pessoa certa para ela e sua família. Eu acho que ela sabia disso também. Algumas semanas depois, informei a ela que precisava mudar para o Texas. Ela chorou. Depois disso, nosso relacionamento diminuiu até a inexistência e nunca mais pôde ser restabelecido depois.

Peter tinha vendido a empresa para um grande conglomerado de Nova York. Rickey e eu fomos relocados para Houston, Texas, para estabelecer uma facilidade ao sul do Astrodome para bateria de embalagens de produtos químicos para ser enviados fora do porto de Houston. Na época, frete era mais barato lá do que fora de Miami.

Não demorou muito para Rickey começar a confraternizar com a nossa mais nova Secretária. Vou chamá-la de Nancy para os meus propósitos aqui. Sendo um bom e velho Alabama caipira, Rickey estava ocupado no jardim do amor, plantando sementes e vigiando para ver se crescem.

Nancy estava em ciclismo, então Rickey comprou uma bicicleta e eles foram andando juntos. As sementes brotaram em um relacionamento. Durante esse período, havia um Rally de bicicleta no norte do Texas todo ano no Trophy Club, no Texas, ao norte de Dallas. Tinha uma rota de quinze milhas, uma rota de vinte e cinco milhas, uma rota de cinquenta milhas e uma rota de cem mil quilômetros (62.5 milhas). Seu lema era "Passeie Fundo e Viva Bastante". Havia muita música e comida de graça. Nancy planejava comparecer ao comício de motos, então Rickey se dispôs a participar também. Eles andaram no começo juntos em seu Chevy Blazer. Reservas de motel foram feitas. Era outubro de 1990.

Cheguei ao trabalho na segunda de manhã cedo. Não Nancy. Não Rickey. Então seu Chevy Blazer preto apareceu. Alguns instantes depois, ele invadiu o escritório parecendo um esfarrapado. "Ei, como foi o fim de semana?"

"Merda, Mulher Doida."

"Hã? Onde está a Nancy?"

"Não vai voltar."

"O que aconteceu?"

“Ela disse que foi um desperdício de tempo. Suas expectativas foram mais altas do que meu desempenho. ”

Meu queixo caiu. *Toda mulher é assim?* Se assim for, eu falharia em um relacionamento.

"Bem, se você conversasse com ela sobre isso, talvez as coisas pudessem ser resolvidas."

"Sim, e se um sapo tivesse asas, ele não bateria a bunda no chão."

Nós nunca conversamos sobre isso novamente. Apenas nos afogamos na espuma da Budweiser.

Capítulo Dezoito

Retiro e Encontro

O sol se põe sobre o lago da cidade de Raquette, seus raios dourados perfurando o céu enquanto uma cortina da noite deslizava pelo céu noturno. O ar fresco e aromático da montanha encheu minha respiração. O silêncio silencioso cobria o lago Raquette enquanto eu me sentava em uma cadeira Adirondack no cais em frente à Bird's Marina. Eu podia sentir o silêncio se envolver em torno de mim com uma paz misteriosa enquanto as ondas do dia se agitavam para uma calma inexistência. Desde que o tio Bob comprou este lugar em 1968, este era o meu lugar favorito para descanso e auto-introspecção. Raquette Lake era meu refúgio seguro tanto quanto era um lugar para nossas reuniões familiares anuais.

- Você está bem? - minha prima Marilyn perguntou enquanto descia o passadiço flutuante até onde eu estava na plataforma no final do cais.

"Sim", eu respondi.

“Todo mundo vai dormir. Você não acha que deveria também?

"Não", eu respondi. "Eu só quero sentar aqui e ficar sozinho."

Ela virou-se e caminhou de volta ao longo do comprimento da doca flutuante em direção à cabine principal de seu trailer.

Eu ouvi uma voz de uma das portas da cabine.

"Ele está bem, Marilyn?"

“Oh, suponho que sim. Ele só quer se afogar em cerveja. Eu não sei o que é. Ele nunca mais sorri ou ri. Ele simplesmente não parece ser feliz.”

Enquanto eu sentava lá bebendo minha cerveja, minha mente vagou de volta para tudo o que aconteceu na minha vida. Eu pensei o quão estranho era que eu senti-me como se tivesse sido pego descendo uma fenda em espiral para o fundo do poço. Não deveria ser assim, pensei. *Que bagunça todos esses anos foram.* Como um prisioneiro preso injustamente, senti como se tivesse perdido os melhores anos da minha vida. Um prisioneiro das mentiras que eu acreditei do pai da mentira. Como o Deus em quem minha família acreditava permitiu que tudo isso acontecesse? Não me ocorrera que tudo isso fazia parte de um plano mestre. Eu não sabia que Deus estava fazendo as coisas na minha vida. Afinal, eu ainda acreditava que Deus não me amava.

Quando voltei ao Texas, após a reunião de família de 1991, a empresa de produtos químicos entrou com pedido de falência. A empresa de Nova York havia despejado todas as suas perdas de suas outras participações em nossos livros contáveis. Eles me levaram de volta para a Flórida para fazer um relatório de fechamento ambiental com a EPA do Condado de Dade, vender os espólios e fechar as portas. Eles demitiram Rickey e fecharam as instalações de Houston. Não demorou muito para que eu ficasse desempregado novamente e reduzido a mais conversas com meu alter ego.

"O que você acha, Brian?"

"Por que diabos estamos procurando por uma ponte para viver?"

"Porque em breve não haverá mais cheques de desemprego chegando. Não podemos pagar o aluguel. Nós não temos emprego. E graças a você, agora temos dívidas de cartão de crédito de US $ 15.000. Além disso, nós checamos a possibilidade de nos juntarmos aos sem-teto no centro de Miami. Lembre-se de todos aqueles caras em roupas imundas saindo do nada caminhando em direção à biblioteca pela manhã? Eles estavam usando banheiros públicos da biblioteca. Eu não acho que isso funcionaria para nós.

"Bem, arrume um emprego!"

"Eu tenho tentado, Brian. Apenas não existe em nosso campo de especialização. "

"Por que não a praia? Nós poderíamos dormir lá à noite.

"Eu não acho que os policiais permitiriam isso. Além disso, seria frio no inverno e não teríamos proteção contra a chuva. Esta ponte aqui na saída da I-95 para Hollywood Beach tem uma borda mais larga do que a maioria. Eu acho que é perfeito."

"O que esse cara está fazendo na calçada? Isso é um saco do McDonald's nas mãos dele? Esse cara deve ser um ministro para os sem-teto.

"Uh-oh. Olha Brian, tem um cara sujo em uma calça jeans suja, cabelo comprido emaranhado e uma longa barba descendo da borda debaixo da ponte. Ele pegou a bolsa. Deve ser o café da manhã dele. Eu não acho que ele compartilharia os alojamentos dele com a gente.

O que vamos fazer, Brian? Eu não tenho para onde ir. Eu nunca fiquei tão indefeso. Para quem eu posso recorrer?"

Algumas semanas depois, fui a uma Conferência de Renovação Carismática no Hotel Deauville em Hollywood, Flórida. Eu tinha ouvido falar por alguns meses de amigos sobre algo chamado Reavivamento Carismático e queria dar uma olhada. O Espírito Santo encontra.

"Qualquer um que gostaria de receber oração, por favor entre na fila em frente a uma das equipes de oração."

Isso foi o anúncio da irmã Linda Koontz de El Paso, Texas. Ela tinha acabado de terminar uma conversa sobre a renovação carismática na Igreja Católica e a efusão do Espírito Santo. Deixei a sala de conferências e passou das janelas grandes, do chão ao teto do hotel. *Isto é um monte de porcaria. Eu tenho que sair daqui.*

Eu tentei sair, mas de repente senti a necessidade de voltar. Eu espiei e vi pessoas colocando as mãos sobre os outros e orando por elas. Alguns estavam deitados no chão como cabos de madeira. *Isso não é católico. Isto é um monte de esquisitos.*

Eu saí novamente. Duas vezes mais. Finalmente, senti como se uma força forte e invisível estivesse me guiando para o final de uma linha. Na frente estavam uma mulher grávida e um cara de cabelos compridos e barba longa. Eventualmente, encontrei-me em pé na frente deles.

"Pelo o quê você gostaria de orar?"

"Eu não tenho a menor idéia. Eu nem sei porque estou aqui. Eu tentei sair. Minha vida é uma bagunça. Eu não tenho emprego. Eu sou quase um sem teto.

"Eu estava desabrigado e nas ruas há seis meses", disse ele. "Jesus mudou tudo isso para mim. Você gostaria que orássemos por Ele para ajudá-lo?

"Eu suponho que sim."

Eu realmente não achei que nada iria acontecer. Jesus viria me resgatar do fundo do poço do inferno em que eu estava agora? Okay, certo. Eu não pensei assim. Se Ele me amasse, Ele não teria permitido que eu chegasse no fundo do poço. Deus nunca me ajudou em minha vida. Olhe para todas as feridas que Ele permitiu que acontecessem. Se Deus realmente existisse, Ele não me amava. Eu era um pecador. Eu não merecia o amor dele.

"Vamos orar."

O casal colocou as mãos em mim e começou a rezar em sons estranhos. Enquanto oravam, tomei a pior e melhor decisão da minha vida.

Eu disse em voz baixa: "Deus, eu te rejeitei quando adolescente. Você nunca fez nada para me ajudar. É por isso que eu não acho que você existe. Se você realmente existe, me dê um sinal."

Wham. Comecei a tremer tão incontrolavelmente quanto um epiléptico conectado a um milhão de volts de pura energia. Cada nervo do meu corpo estava em chamas. Fluxos de lágrimas correram pelas minhas bochechas. Eu soube em um instante que Deus existia e Ele me amava. Eu sabia; Eu sabia que sabia que sabia. Assim como Saulo de Tarso, fui esbofeteado na cabeça e jogado do cavalo para chamar minha atenção. Eu senti tanto amor que se ele me preenchesse com muito mais, eu estava com medo que meu corpo não tolerasse isso e eu iria explodir. Seu amor era tão esmagador que nada mais importava. Meu desejo de ser amado e amável foi cumprido por um Pai amoroso no céu. Eu ansiava por sentir mais experiencialmente o Seu amor. Eu era o filho pródigo chamado para o lar para o pai. Este foi Seu plano o tempo todo para minha salvação. O véu da escuridão foi rasgado. A felicidade de dentro foi restaurada. Sua luz tornou-se minha amiga, o Espírito Santo, meu consolador. Morar em seu coração era meu porto seguro. Jesus, minha proteção. Seu amor gritou volumes.

Houve ordem do caos. Este foi o começo da restauração e transformação. Uma jornada por uma estrada que finalmente levou à cura interior das feridas emocionais da infância pelo amor de um Pai no céu

.

Transição

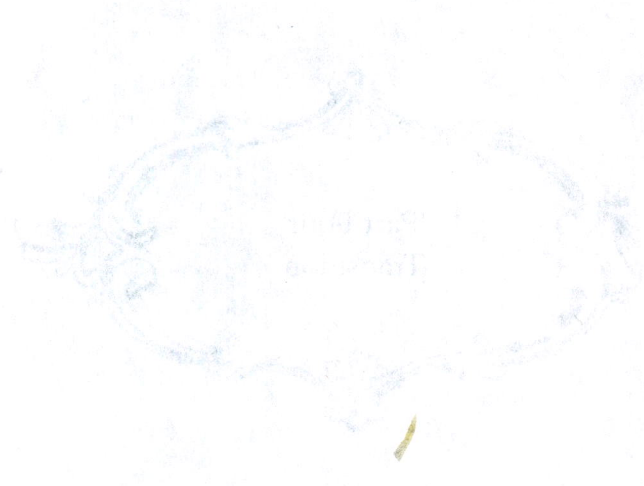

Capítulo Dezenove

No Caminho Para a Cura

Minhas profundas feridas emocionais de abandono, rejeição, medo, raiva, vergonha, sentir-se mal amado, indesejado, desajustado e não amável não foram curadas instantaneamente. Recuperação leva tempo. Afinal, levou anos para chegar ao fundo do poço.

No último momento possível antes de me tornar desabrigado em Miami, meu currículo se conectou com uma empresa de pintura de San Francisco que estava se mudando para Charlotte, Carolina do Norte. Eles me levaram para San Francisco para uma entrevista. Meu encontro com Deus pode ter começado uma mudança em mim, mas Brian ainda não havia saído. E cara, ele e eu nos divertimos lá fora!

Minha jornada pelo caminho da transformação tomou muitas reviravoltas. Eles me ofereceram o emprego, eu aceitei e me mudei para Charlotte. Brian achou o Charlotte Elks Lodge um bom bebedouro. Como conseguimos nos levantar de manhã para trabalhar ainda é um mistério para mim.

Além disso, eu não tinha seguro de saúde e acabei no hospital com um bloqueio intestinal depois de duas semanas no trabalho. Eu tive uma hérnia umbilical no último ano. Nunca consegui repará-lo devido à falta de cobertura de seguro de saúde. Quando voltei ao trabalho, percebi que as coisas não estavam indo bem. Aparentemente, eles sabiam que eu estava chegando para trabalhar com uma ressaca. Eles me demitiram no local. Não apenas isso, uma lei estadual lhes permitia deduzir as despesas de US $ 6.000 do meu contracheque. Meu apartamento custava US $ 900 por mês com um contrato de um ano. Minha conta do hospital foi de mais de US $ 15.000. O Estado da Flórida rejeitou meu pedido para estender meus benefícios de desemprego. Eu estava com meu pescoço profundamente pendurado. Minha situação estava pior do que nunca. Fui à igreja em busca de ajuda através da oração.

Na igreja, caí de joelhos.

"Pai, estou com muitos problemas. Por favor, por favor, me ajude. Eu não posso fazer isso sozinho. "Eu chorei por um longo tempo.

Então, no dia seguinte, vi um anúncio na seção de emprego do jornal para um cientista ambiental. Eu dirigi para o escritório imediatamente e enviei meu currículo. Preocupei-me com a qualificação, mas eles me ligaram no dia seguinte para uma entrevista e eu comecei a trabalhar um dia depois. Fiquei impressionado com a volta. Eu sabia que tinha que ser por causa de Deus.

Nos anos seguintes, Deus gentilmente me atraiu para mais perto dEle. Eu me envolvi em um grupo de oração carismático na igreja. Deus me chamou para o ministério de cura em equipes de oração. Eu era presidente do comitê de evangelização na igreja e membro do coro. Eu entrei em um programa de dois anos para o ministério leigo.

Eu podia sentir a presença de Deus ao meu redor. Eventos impossíveis estavam acontecendo e só poderiam ter acontecido por causa de Deus. Eventos que eu nunca poderia ter feito acontecer ou realizar. Minha jornada para fora do poço do inferno foi lenta, como passos de bebê. No entanto, agora eu tinha certeza de que havia um Deus.

No dia anterior à Missa Carismática, em fevereiro de 1994, recebi um e-mail da família dizendo que minha prima Marilyn não estava bem e tinha apenas alguns dias de vida. Ela lutou contra o câncer de mama e o venceu anos atrás, mas agora voltou como uma vingança. Na verdade, a maioria das mulheres da minha família morreu de algum tipo de câncer desde a morte da mamãe.

Eu estava no grupo de oração no domingo. Depois, os grupos de oração oraram comigo por força, coragem e sabedoria. Eles pensaram que eu deveria ligar para Marilyn e conversar com ela naquela tarde. Eu não consegui pegar o telefone. Eu não sabia o que dizer.

Marilyn e eu sempre fomos próximos no passado. Ela sempre sabia trinta segundos antes de eu ligar para ela que era eu chamando. Havia aquele vínculo inexplicável sobrenatural entre nós.

"Olá."

"Oi."

"Ha, ha, eu sabia que era você. É lua cheia. Você sempre liga quando tem lua cheia. Por que você acha que é isso?

"Eu não sei. Incrível, hein?

"Talvez porque nós dois nascêssemos em junho sob o signo de Câncer. Crianças lunares.

Eu deveria ter e poderia ter ligado para ela dessa vez. Eu não fiz. No entanto, Deus fez um trabalho poderoso em mim através disso. Eu não consegui dormir a noite toda. Em vez disso, orei fervorosamente até a manhã seguinte. Mais tarde, descobri que Marilyn passou por momentos difíceis naquela noite e teve visões de parentes falecidos esperando por ela nos portões do céu. Uma coisa que ela disse a suas filhas foi: "Bem, finalmente vou descobrir quem matou Kennedy". Então, mais tarde, ela foi se juntar ao Senhor. Era 8 de fevereiro.

Eu ainda estava nos estágios infantis da minha jornada de cura. Deus estava lentamente me aproximando de dEle através de milagres, sinais e maravilhas. Eu não estava preparado para os próximos dois eventos.

Na funerária, atravessei a sala por uma fileira de cadeiras dobráveis de metal. Isso me levou além da tia Mary, mãe de Marilyn, em pé com algumas mulheres.

"Você sabe, Bruce, eu nunca vi o que Marilyn viu em você."

Eu fui esmagado, devastado e fiquei em choque total. Essa era a mulher com quem eu queria ir morar depois da morte da mamãe, só porque queria estar com Marilyn. A dor afiada como uma lâmina cortou profundamente meu coração e me dominou.

"Tio Bob, você não vai acreditar no que tia Mary acabou de me dizer."

"O que ela disse?"

"Ela disse que nunca podê ver o que Marilyn viu em mim. Isso doeu profundamente. Realmente bem profundo."

Eu segurei as lágrimas daquela dor devastadora.

"Bem, ela provavelmente não quis dizer isso. Ela está de luto."

Deixei tio Bob e fui ao caixão. Ajoelhando-se ali e orando, de repente meus olhos viram uma imagem fantasmagórica transparente sobreposta ligeiramente acima do corpo de Marilyn. Eu estava admirado com a visão. O peito do corpo glorificado de Marilyn se expandiu e contraiu como se estivesse respirando. Uma alegria imediata e esmagadora encheu cada célula do meu corpo, substituindo quaisquer feridas que a tia Mary acabou de fazer.

Terri, a filha de Marilyn e tia Bertha estavam ao lado do caixão, admirando o buquê de flores e me observando.

"Uau, Marilyn, isso é realmente você?" Eu disse.

A imagem permaneceu fechada e sem palavras. Seu peito continuou a se expandir e contrair.

"Você pode se sentar? Você pode conversar comigo? Sinto muito sua falta."

Tia Bertha e Terri ficaram muito quietas e estavam olhando para mim. Eu estava enlouquecendo eles.

"Obrigado, Senhor, por esta incrível visão de cura. Eu gostaria que durasse, mas Terri e tia Bertha estão olhando, então acho que eu deveria parar agora."

Terminei minhas orações e saí. Jamais esquecerei esse dia, nem esquecerei a alegria esmagadora. Deus estava me mostrando essa visão como um presente e a experiência da alegria para aumentar minha fé e me aproximar Dele.

Eu estava fazendo tudo que eu achava que Deus queria que eu fizesse. Eu orei fervorosamente todos os dias. O Espírito Santo estava agora ativo em minha vida.

Eu me lembro tão bem da aula do ministério leigo quando estávamos estudando cristologia. Jesus foi para mim sempre o Jesus bíblico. Uma pessoa sobre a qual as pessoas escreveram e pode ter existido no passado. Não foi até que estudamos o Jesus histórico que senti o impacto total dos fatos. Jesus se tornou real para mim.

Foi registrado por Tácito, um historiador e senador romano, que "Cristo sofreu a extrema penalidade durante o reinado de Tibério pelas mãos de um de nossos procuradores, Pôncio Pilatos". Também, as escrituras do primeiro século por um romano-judeu historiador,

Flávio Josefo, escreveu que o Sinédrio de juízes trouxe diante deles o irmão de Jesus, chamado Cristo, cujo nome era Tiago.

Eu fiquei chocado. Eu me lembro de sentar na aula, tendo a súbita percepção de que Jesus realmente existia. Ele andou nesta terra e deixou pegadas na areia. Eu fui esmagado quase às lágrimas. "Ele realmente existia", eu ficava dizendo para mim mesmo. Essa percepção mudou completamente a minha visão. Os relatos bíblicos agora eram verdadeiros para mim e não apenas alguns mitos ou histórias que eu era obrigado a acreditar como no berço católico. Como eu poderia negar a existência de Cristo quando havia registros históricos não-cristãos? Eu estava animado e queria saber sobre Jesus. Eu me interessei pelas Escrituras. No final dos dois anos de treinamento ministerial leigo, eu pensei em entrar no diaconato. Depois de semanas de profunda oração, ficou claro para mim que eu era um espírito livre e teria dificuldades em estar sob a autoridade de um bispo ou de alguém. Eu senti que precisava estar livre para viajar pelo mundo para pregar e ensinar. Eu até comecei a brincar dizendo que eu era o evangelista Bruce.

Cristãos me perguntavam: "Você está salvo?"

"Claro que sim." Não havia dúvida em minha mente.

"Você aceitou a Jesus Cristo como seu Senhor e Salvador?"

"Tenho certeza que sim. Na verdade, eu realmente falo com Jesus diariamente. Ele é meu melhor amigo." Eles levantaram as sobrancelhas, incrédulo com a minha irreverência. Para ser salvo? Isso era tudo o que realmente importava, não era? Um cristão emocionalmente ferido, salvo. Isso foi tudo o que foi exigido aos olhos da maioria dos cristãos. Não era importante que eu estava emocionalmente ferido.

No entanto, embora eu tivesse passando por alguma transformação espiritual, Brian ainda estava indo para o happy hour e se embebedando. Um cristão emocionalmente ferido e bêbado. Só agora, ele se certificou de sairmos para casa às dez horas. Depois das dez horas, os demônios saíram e coisas ruins aconteceram.

Eu não conseguia entender por que fiz o que fiz. Não importa o quanto eu tentasse, eu sempre fazia o que eu não queria e acabava no happy hour. Não era mais eu quem estava fazendo isso; foi o pecado que vive em mim. Foi o Brian. Eu tinha o desejo de fazer o que Deus queria que eu fizesse. Assim como São Paulo. No entanto, por algum motivo, não consegui.

Meu Deus, meu Deus, por que me desamparaste? Eu internamente gritei essas palavras enquanto estava deitado na cama com uma dor excruciante. Eu estava bebendo cerveja no meu bar favorito quando minha hérnia umbilical apareceu e eu não consegui empurrá-la de volta. Eu sabia que estava com problemas. Corri para casa e comecei a vomitar sangue. Foi minha culpa pela minha teimosia polonesa ter se recusado a fazer uma cirurgia antes disso.

Uma voz gentil falou. *Vá para o hospital ou você morrerá.* Foi uma das poucas vezes em que ouvi a voz de Deus falando internamente comigo. Mesmo nessa crise, acredito que considerei por uma fração de segundo que essa era a minha oportunidade de deixar este mundo para o verdadeiro amor e felicidade.

Não, eu não quero ir ao hospital!

Vá para o hospital ou você vai morrer! Desta vez, a voz gentil falou mais em tom autoritário.

Eu me arrastei para fora da cama, me vesti e fui para o hospital. Eu não sei como eu sabia que estradas seguir. Entrei na sala de emergência e quase caí no chão. Um pouco mais tarde, eu estava em uma cirurgia. Dois centímetros do meu intestino estavam gangrenosos. A cirurgia foi bem sucedida. Deus me mostrou que Ele se importava comigo.

Na minha opinião, raciocinei que poderia continuar vivendo o estilo de vida que eu queria, porque sabia que Deus me amava, não importava o que fosse, e Ele me perdoaria. Tudo bem deixar Brian sair para se divertir. Deus me perdoaria. Esse pensamento tóxico acabou levando ao desastre.

Numa sexta-feira à noite, depois das dez da noite, fui preso por dirigir embriagado em um caminhão da empresa. Este foi outro evento de janeiro, só que desta vez em 1997. Eu estava começando a acreditar que coisas ruins sempre aconteceriam comigo dia 4 de janeiro. Dessa vez, eu enfrentei demissão imediata. Eu acreditava que de alguma forma Deus iria resolver as coisas. Entrei em contato com o Suporte de Laboratório e eles me colocaram em um emprego temporário na BASF.

Eu ainda estava ativo nos grupos de oração. No ministério de oração havia uma doce mulher chamada Ellen, do nosso grupo de oração da igreja. Nós nos tornamos amigos e fomos a eventos juntos. Também servimos em grupos de oração juntos. Nós dois erámos divorciados com casamentos anulados. Nenhum de nós estava interessado em um relacionamento, especialmente eu. Afinal de contas, eu decidi que já havia me casado uma vez e já era o suficiente. Nunca mais! No entanto, eu sabia que eu estava ficando mais velho e precisava pensar em passar meus últimos anos com uma companheira. Ajoelhei-me e orei ao Pai. *Senhor, por favor, envie-me a mulher que você escolheu para eu casar.* Ellen apareceu.

"Senhor, acho que temos um problema de comunicação. Você conhece o tipo de mulher que eu gosto. Cheryl Tiegs, Christy Brinkley, esse tipo. Então você poderia por favor enviar para mim a mulher com quem você quer que eu me case?

Ellen apareceu. De volta à oração eu fui.

"Com licença, acho que temos um problema aqui. Parece que não estamos entendendo um ao outro. Quem é a mulher que você quer que eu me case?"

Ellen apareceu.

Ela também estava orando a Deus durante este tempo.

"Senhor, se Bruce é o homem com quem você quer que eu me case eu quero uma confirmação de três rosas vermelhas reais ou de seda dadas a mim por pessoas que não sabem pelo o quê eu estou orando. Eu as quero até o final de maio."

Ela pegou as rosas. Hoje, três rosas vermelhas secas e mortas estão em um vaso em cima do armário de porcelana. Eu tentei jogá-los fora uma vez. A morte teria sido uma conseqüência muito melhor se eu tivesse.

Eu tinha orado pela esposa que queria, mas Deus me deu a esposa que eu precisava. Nós estávamos noivos no Dia das Mães e nos casamos dez semanas depois, em 26 de julho de 1997. O curto período de tempo era remanescente dos meus primeiros arranjos matrimoniais.

Ellen e eu fomos felizes a maior parte do tempo. No entanto, não demorou muito para os meus problemas de intimidade aparecerem. Eu trouxe muita bagagem para o meu casamento com Ellen. Eu não fui capaz de amá-la como deveria. Eu não fui capaz de permitir que ela se aproximasse e me amasse. Ela tentou ser incluída no meu processo de cura interior. Ela queria ter tempo para me ouvir. Eu estava muito ocupado com tudo e qualquer coisa, como se eu estivesse tentando calá-la ou não era da sua conta. Eu estava trabalhando no segundo turno. Eu iniciei a oração com ela todas as manhãs antes de sair para o trabalho.

Isso durou cerca de duas semanas. Então me recusei a orar. Eu senti como se tivesse sido amarrado a uma bola e corrente que constantemente fazia perguntas. Eu me senti preso. A intimidade estava além do meu alcance porque eu tinha medo da intimidade. Eu não estava pronto para me tornar vulnerável com Ellen. Em vez disso, procurei outros para aconselhamento especializado e rejeitei as ofertas de Ellen para me ajudar.

Eu não queria estragar tudo. No entanto, deixar Brian e toda a sua diversão para trás foi difícil. Ele ainda saía algumas vezes em casa; no entanto, mantive um forte reinado em seu consumo de álcool. Eu sabia que, depois de quatro a seis latas de cerveja, os lábios soltos afundava os navios. Antes de nos casarmos, eu deixei completamente de ir aos bares. Ironicamente, foi quando eu bebi cerveja que me tornei falante e me abri para Ellen.

Minha posição temporária na BASF se transformou em uma posição permanente no centro de pesquisa. Depois de quase dez anos na BASF, tensão e estresse se instalaram. Eu estava preparado para demissão. Eles me colocaram em minha terceira avaliação probatória de desempenho por motivos que eu não entendia. Eu tentei fazer tudo o que eles queriam, mas eles encontrariam outras razões para continuarem em liberdade condicional por mais noventa dias. Meu médico me indicou Wellbutrin XL, um antidepressivo. O final dos meus noventa dias foi em torno de 26 de junho. Eu só precisava chegar a 1 de julho para ter dez anos de serviço na empresa. Com isso, eu me qualificaria para o seguro médico de aposentadoria antecipada. Caso contrário, não teríamos seguro médico. Pela graça de Deus, fiz 62 anos no dia 25 de junho e fui informado de que provavelmente seria demitido se tentasse fazer mais noventa dias de liberdade vigiada. Eu os informei que, a partir de 2 de julho, eu estava me aposentando.

Ellen ainda estava trabalhando para uma companhia de seguros na época. Ela queria deixar o emprego também. No entanto, quando eu mastigava os números em nosso orçamento, não havia como viver sem o salário dela. Em setembro, Ellen teve um dia ruim no trabalho e orou para que eu encontrasse uma maneira de sair do emprego. Eu mastiguei os números novamente. Os resultados foram os mesmos. Mas desta vez o Senhor me mostrou que eu poderia sacar uma pequena quantia de nossas economias a cada mês, para receber de volta mais tarde. Pouco depois, Ellen deixou a força de trabalho.

Nós agora podíamos participar da Escola de Cura e Implantação de Randy Clark na Grace Church em Fredericksburg, Virgínia juntos. Na noite de sexta-feira, Ellen estava doente, então fui para a sessão sozinho. Leif Hetland estava falando sobre o coração órfão e seus problemas. Esta foi a primeira vez que ouvi esse conceito. Tudo o que ele disse apontou diretamente para mim. Eu poderia ter sido o garoto-propaganda de sua apresentação do coração órfão.

Ele falou sobre as pessoas de coração órfão sentindo como se fossem perdedores. Então ele disse que havia provas biológicas de que cada um de nós, você e eu, éramos únicos, um vencedor único. Foi relatado que havia 50 milhões de espermatozóides em uma corrida para alcançar o óvulo. No caminho, eles se viraram, empurrando um ao outro de lado. Finalmente, um conseguiu. E você e eu fomos os vencedores.

"Agora, diga isso para si mesmo", disse ele. "Eu sou dele, sou seu amado, sou seu amado filho ou filha, ele me ama, me ama e está bem satisfeito comigo."

Decidi que precisava ficar e fazer com que esse homem pusesse as mãos em mim e orasse. Recusei-me a sair do prédio até ele sair. Já passava da meia-noite quando a maioria das pessoas recebia oração. Comunicados estavam sendo feitos que precisaríamos deixar o prédio em breve.

"Senhor, eu não vou embora até que este homem ore por mim. Consiga isso.

Então aconteceu. Outro exemplo de Deus me mostrando sua presença e favor em minha vida. Leif estava vindo em minha direção pelo corredor central, em um esforço para sair. Eu me mantive firme, me certificando de que o caminho dele o levaria na minha frente, onde ele não poderia passar.

"Leif, eu preciso de oração. Eu tenho um coração órfão. Eu estou no ministério e indo em missão para a Guatemala em poucos meses. Por favor, ore por mim.

"Repita depois de mim", disse ele. "Não, mantenha os olhos abertos e repita depois de mim."

Eu repeti a oração que ele disse. Então ele estalou os dedos. No dia seguinte eu sabia que estava passando tempo no tapete olhando para o teto. Esta foi apenas a segunda vez que senti o poder de Deus passar por mim.

Fiquei emocionado com o que Deus fez. Ele conseguiu que Leif orasse por mim. E ele ainda não tinha terminado. Na manhã seguinte, depois do café da manhã, Ellen e eu estávamos a caminho da sessão da manhã de sábado. Eu estava dirigindo pelo meio das quatro pistas do nosso lado de uma rodovia de oito pistas, relatando a Ellen minhas experiências da noite anterior. Então eu ouvi isso.

Bem, você não vai me agradecer?

Eu pisei no freio e desviei o carro da estrada.

"Ellen, você não vai acreditar no que acabou de acontecer."

"O que?"

"Acabei de ouvir uma voz dizendo: 'Bem, você não vai me agradecer', como se estivesse vindo do banco de trás."

"Bem, o que você vai fazer?"

"Obrigado Senhor, obrigado, obrigado, obrigado."

Nós dois rimos e choramos lágrimas de alegria. Deus novamente me mostrou Sua existência e que Ele se importava comigo.

Capítulo Vinte

Estradas de Enrolamento

EU fui conduzido por estradas sinuosas que nunca esperei. Deus me chamou para o ministério de cura em 1995. Vários anos após nosso casamento em 1997, Ellen e eu entramos no ministério de cura em tempo integral e treinamos na Christian Healing Ministries em Jacksonville, Flórida. Também recebemos treinamento dos DVD's da Elijah House, do Global Awakening School of Healing, do Sozo e do Ministério Teosófico. Eu incluí informações sobre esses ministérios na seção Notas no final do livro.

Eu estava praticando minhas habilidades de escrita também. Primeiro, fui levado a escrever um livro sobre as experiências do meu pai na Segunda Guerra Mundial, intitulado O pai que nunca conheci. Depois da minha experiência com Leif Hetland em Fredericksburg, Virginia, fiz uma extensa pesquisa literária e descobri mais informações sobre a atitude mental chamada de coração órfão. Eu fiz o subtítulo do livro, "A busca de um órfão de guerra pela cura interior", e terminei com três capítulos sobre o coração órfão.

Eu realmente não tinha intenção de escrever outro livro. Meu amigo reverendo Russ Parker e eu discutimos minha teoria sobre uma mudança de paradigma na cultura espiritual por causa da Segunda Guerra Mundial. Havia 13 milhões de órfãos perambulando pelas ruas da Europa depois da guerra. Isso levou a uma geração de crianças que não conheciam o pai ou o amor da mãe. Acabamos com amor de graça, sexo de graça, drogas e Woodstock (um dos maiores shows de sempre. Mais de um milhão de hippies no mesmo lugar).

Russ disse-me: "Eu acredito que você está no caminho certo, companheiro."

"Russ, quanta informação está lá fora sobre o assunto coração órfão?"

"Não muito, mas deixe-me saber o que você pensa, amigo, e eu vou revisá-lo."

Isso lançou o início do meu próximo livro, Meu Pai, Meu Filho, Curando o Coração Órfão com o Amor do Pai.

Quando comecei a escrever este segundo livro, Deus me deu uma visão de um menino africano do lado de fora de sua cabana. Seu pai acabou de ser morto, sua mãe estuprada e suas irmãs foram arrastadas para se prostituir. Eu então ouvi o Senhor dizer: "Ensine-o sobre o Meu amor". Eu soube imediatamente que ensinar este menino às Escrituras não era suficiente para curar sua dor interna oculta.

De acordo com o Dr. Grant Mullen, quando a adolescência emocional permanece sem cura, as pessoas se odeiam e se preocupam com seu próprio sentimento de vazio, culpa, vergonha e inadequação. Isso foi exatamente o que aconteceu comigo.

A infância e a adolescência são os momentos de maior vulnerabilidade à rejeição, uma vez que é o momento em que as pessoas precisam de reafirmação repetitiva para construir confiança e uma auto-imagem saudável. Quanto mais fria e rígida for uma família, mais medo e rejeição os membros terão. A rejeição da infância deixa feridas muito profundas e duradouras. Este foi certamente o mesmo no meu caso.

Durante minha extensa pesquisa para *Meu Pai, Meu Filho,* descobri inúmeros recursos cheios de informações sobre o amor do Pai e o coração órfão. Escrever o livro foi a maneira de Deus continuar meu processo de cura. Isso também me levou a um ministério do coração do Pai.

Não consegui obter o suficiente dos ensinamentos de Leif Hetland, Mark Stibbe, James Jordon e Jack Frost. Eu ansiava por saber por que eu me tornei emocionalmente distante e de coração frio, incapaz de intimidade e incapaz de amar e dar amor quando adulto. Meu cérebro científico, lógico, de esquerda, precisava conhecer as razões, mas as razões eram quase tão difíceis de descobrir quanto as que vieram primeiro, a galinha ou o ovo. O desejo de encontrar minha identidade pessoal que não foi alcançado durante a adolescência era tão forte quanto o desejo que os pacientes de câncer têm em seu estágio de querer serem curados. Eles desejam algo tão fácil quanto tomar uma pílula e a doença desapareceria. Não pudia apenas fazer uma oração e tudo ficaria bem? Claro que eu queria cura instantânea. Eu não iria - não, eu não poderia parar até saber a causa, a condição e a cura.

Eu tive muitas lembranças ruins das minhas feridas emocionais. Uma área de treinamento na Christian Healing Ministries foi a cura de memórias. Judith MacNutt conta a história assim:

"Um homem está passando por um circo e lá há esse grande elefante. Está preso a uma corrente muito pequena. O homem diz ao treinador, eu sempre quis perguntar, como essa pequena corrente segura um animal tão grande? O treinador disse que não segura, mas o elefante não sabe disso. Eu não entendo, o homem disse. O treinador disse, quando o elefante nasce, pegamos a mesma corrente e a colocamos no tornozelo. É forte o suficiente para segurá-lo porque ele é um bebê. Conforme ele cresce, continuamos a usar a mesma corrente. Agora ele é um elefante macho adulto, muito mais forte que essa corrente. Não é a corrente que o prende; é a memória dessa corrente ".

É o mesmo com a cura interior. Aprendi que as memórias são cruciais na maneira como nos percebemos de nossas experiências de infância. Especialmente a entrada de nossos pais. Eu me via como não amável, desajustado, com coração frio e incapaz de amar. Essas lembranças me mantiveram em um cativeiro. Eles também afetaram as escolhas que fiz em minha vida, especialmente em relacionamentos e carreiras.

Nossa escravidão emocional pessoal nos impedirá de ter o relacionamento emocionalmente livre com Deus que Ele deseja. Eu também aprendi que existem três elos na cadeia da escravidão emocional. O primeiro elo é um distúrbio de humor de desequilíbrio químico. Bem, eu não tenho isso. O segundo elo é o assédio direto de Satanás. Ele gosta de atacar, desestimular, distrair e tirar proveito de nossa servidão emocional. O terceiro elo é composto pelas feridas de nossa alma ou personalidade. Essas cadeias nos bloqueiam de um relacionamento completo com Deus. Eu precisava me desbloquear para me tornar emocionalmente livre.

Eu ainda estava com raiva de Deus. Eu ainda estava com raiva da mamãe. Eu ainda estava com raiva de tudo. Eu odiava a vida e a mim mesmo em geral. Eu culpava muito isso por ser uma pessoa de mente esquerda, científica, raciocinando sobre meus sentimentos de desligamento. Onde há uma chance, há uma raiz. Ferir pessoas, ferir pessoas, pessoas feridas, ferir pessoas. Eu estava ansioso pelo dia em que sairia e iria brincar com Jesus.

Deus me levou a um livro de Jack Frost, *Experiencing the Father's Embrace (Experimentando o Abraço do Pai).* É sobre o amor do Pai, e seu conteúdo teve um grande impacto em mim. Eu aprendi com isso que, porque Cristo morreu na cruz, eu não era mais um escravo do pecado. Aquele Pai Deus me adotou em sua família. Eu aprendi sobre filiação espiritual. Eu aprendi que fui criado para o amor e que sou o pensamento feliz de Deus.

Abriu meus olhos, eu tinha um Pai Celestial Deus que me amava. Eu sempre tive conhecimento do amor de Deus; no entanto, acreditava que Jesus me amava, mas o Deus Pai não. Nós vivemos em uma cultura de Jesus, onde tudo está relacionado a Ele. Até agora, eu havia estabelecido um relacionamento íntimo com Jesus. No entanto, isso era sobre o coração do Pai e Seu amor separado de Jesus. Esta foi uma grande revelação para mim, porque eu sempre via Deus como juiz, ira e castigo. A partir deste livro, aprendi que uma criança recebeu sua imagem de Deus de seu pai terreno. Eu era o pai ausente que estava em um bar a maior parte do tempo, bêbado. Mesmo quando estava em casa, estava fisicamente presente, mas emocionalmente ausente. Na maioria das vezes eu não tinha interesse em minhas filhas. Eu sempre lhes dizia desde quando podiam andar: "Eu amo você, mas não estou feliz com o que você está fazendo. Pare o que você está fazendo imediatamente. Eu só vou falar com você uma vez. Você preferiria sentir a ira de Deus do que a ira de seu pai. " O pai disciplinador. Funcionava. Eu não me lembro de espancá-los. Eu até desenvolvi um certo olhar, o que os impediu de morrer. O olho do mal. "Uh oh, Trish, papai está olhando para nós." Percebi que tinha enviado a mensagem errada às minhas filhas. Deus é o Deus da ira e Sua ira é melhor que a ira do papai. Se Deus é o Deus da ira, então Ele não é o Deus do amor. Deus é um pai disciplinador. Deus é um pai ausente. Deus é um pai emocionalmente distante. Deus não está interessado em você.

Fiquei tão impactada por esse livro que imediatamente conversei com minhas filhas, pedi desculpas por ser um pai podre, pedi perdão e enviei uma cópia para que não cometessem os mesmos erros.

Eu sabia desde o meu encontro em Miami com Deus que Jesus me amava. No entanto, esse também foi um encontro do amor do Pai. Para mim foi a coisa de Deus-Jesus. De alguma forma, Deus e Jesus são um. Eu nunca fiz a conexão em minha mente até que eu li que o Pai Deus me ama. Esse conhecimento preencheu um vazio em minha alma que me permitiu não me sentir sem pai, sem amor e abandonado. Eu agora me sentia como um filho. Eu agora tinha um pai com quem podia conversar. Eu estava animado que Deus e Jesus pudessem me amar separadamente.

Em meu livro *Meu Pai, Meu Filho,* incluí em minhas próprias palavras o que aprendi com os livros de Jack Frost. Eu afirmei que um coração órfão é uma atitude mental desenvolvida a partir de estímulos externos (experiências) durante o desenvolvimento de uma criança. A condição também pode ser causada por feridas emocionais na infância. Uma criança sente que ela não tem lugar no coração do pai, onde é amada, valorizada e afirmada. Senti que não era amável e, portanto, achava que não era amável. Meu pensamento então me levou a pensar que Deus não me amava porque eu não era amável. Além disso, o que minha mente acreditava controlava minhas ações, emoções e personalidade.

Minha jornada me levou aos Ministérios de Shiloh Place. Eu frequentei a Escola Experimentando o Abraço do Pai. A turma estava cheia com cerca de trinta pessoas. Trisha Frost ensinou primeiro sobre problemas do pai. Muitas vezes, levamos conflitos não resolvidos em direção ao nosso pai terreno ou às figuras paternas que podem nos impedir da intimidade com Deus. Às vezes, ainda existe uma dor inconsciente e oculta nas relações do nosso pai dentro da nossa mente, nossa vontade e nossas emoções (a alma). Dor no núcleo oculto pode resultar em insultos falados de um pai, promessas não cumpridas, rejeição total, olhares humilhantes, decepções, tristeza ou abandono.

Eu nunca tinha ouvido falar sobre a dor do núcleo oculto. Eu não sabia como isso se relacionava comigo. Aprendi que havia seis categorias básicas do tipo pai, cada uma afetando nossa imagem de Deus de uma maneira diferente. Resumidamente, estes eram o bom pai, o pai orientado pelo desempenho, o pai passivo, o pai ausente, o pai autoritário, e um pai abusivo. (Veja o apendice)

♥ O Bom Pai. Fisicamente, as crianças têm um teto sólido sobre as cabeças, roupas bonitas para usar e boa comida para comer. Isso me descreveu. Emocionalmente, esses pais são estáveis e amorosos, passam tempo com seus filhos, satisfazem suas necessidades de segurança e afirmação e parecem fazer tudo que um pai deveria. Isso certamente não era eu.

♥ O Pai orientado pelo desempenho. Exigências rigorosas para a obediência perfeita de uma criança e padrões de alto desempenho, se não temperadas com grandes quantidades de amor, afirmação e elogio expressos, muitas vezes resultam em muitos problemas mais tarde na vida. Isso definitivamente não era eu. A criança constantemente busca a perfeição para ganhar o amor do pai; no entanto, sendo seres humanos, a perfeição não é atingível. A criança simplesmente não é boa o suficiente para ter um lugar no coração do pai. A criança ferida passa para um relacionamento adulto com Deus com uma mentira que "eu só pertenço e sou amado e aceito pelo que faço e quão bem eu o faço".

♥ O Pai passivo. Esse tipo de pai não exige grandes exigências para seus filhos, mas tampouco há rejeição evidente. Ele simplesmente não consegue estar em casa mesmo quando está em casa. Ele não é capaz de demonstrar amor ou afeição, geralmente não intencionalmente, porque ele mesmo nunca recebeu essas coisas de seu próprio pai. Essa foi a minha situação quando criança. Isso pode até se tornar uma fortaleza geracional ou cultural que é transmitida de pai para filho por séculos. As famílias européias geralmente mostram muito pouco carinho ou ternura. Eu acredito que isto é o mesmo para a cultura polonesa da qual eu sou. Pais asiáticos geralmente são baseados em vergonha e têm expectativas muito altas de desempenho bem-sucedidos de seus filhos.

♥ O Pai ausente. Este pai é aquele que não está fisicamente presente no repouso. Poderia ter sido causado por morte, divórcio ou abandono. Definitivamente era minha situação porque o meu pai foi morto na guerra. Isso pode deixá-lo com dor tremenda núcleo oculto de um grande vazio de orfandade. Eu nunca senti que tinha um lugar seguro para ir para o conforto, segurança e afirmação. Não foi recebê-la de mãe. De alguma forma, nunca ocorreu-me que eu era órfão. No entanto, sem pai, a minha imagem de Deus foi distorcida e minha identidade como homem incompleto.

♥ o Pai Autoritário está mais interessado no amor à lei do que na lei do amor. Eles vão além dos pais orientados pelo desempenho e exigem severamente a obediência imediata e inquestionável de seus filhos.

♥ o Pai abusivo. Este é o pai que está se tornando mais comum em nosso mundo atual. Esses são os pais que verbalmente, emocionalmente, fisicamente ou abusam sexualmente de outras pessoas no relacionamento familiar.

Descobri mais tarde que, se uma criança tem um pai fisicamente presente, mas emocionalmente ausente - nunca afirmando a essa criança que ele está bem satisfeito com seu filho - a criança pode ficar emocionalmente ferida. Mesmo que uma criança sem pai tenha uma família amorosa por apoio, *como eu tive*, a criança ainda requer, biológicamente, emocionalmente, psicológicamente e espiritualmente, a experiência do amor e da afirmação de seu pai. Sem esse amor e afirmação, na maioria dos casos, a criança cresce para a idade adulta com possíveis problemas de desenvolvimento e problemas emocionais. O que sentimos ser verdade é verdadeiro para nós, mesmo que seja uma mentira. Estas são mentiras do inimigo. Toda vez que somos feridos ou alguém deixa de demonstrar adequadamente o amor do Pai Celestial por nós, o pai da mentira nos diz uma mentira sobre nós mesmos, sobre Deus ou sobre os outros.

Estas são as mentiras que eu acreditava e as conseqüências dessas mentiras. Essas mentiras incluem a crença de que ninguém se importava comigo. Ninguém poderia satisfazer minhas necessidades. Deus não me ama. Eu não sou digno do amor de Deus. Para aqueles que, como eu, não tiveram um pai em sua infância, desenvolvemos o medo de receber amor, conforto e admoestação dos outros. Uma vez que perdi a confiança básica, tornou-se difícil receber dos outros porque tinha medo de me tornar vulnerável. Eu entrei em um isolamento emocional. Eu não permiti que os outros se aproximassem, porque eu temia que eles me machucassem.

Agora vi como meu passado me moldou e como me tornei um adulto ferido. Nós cobrimos muitas informações e agora era hora de uma pausa. Hora de ir ao banheiro e hora do lanche. Eu também tive tempo para sentar e relaxar em um banco ao redor da lagoa. Foi aí que conheci o pastor Harold Martin. Mal sabia eu o quão importante ele se tornaria em minha vida.

Eu aprendi em seguida após o intervalo sobre os problemas da mãe. As mães são as principais cuidadoras e distribuidores de amor *storge* nos primeiros dois anos de vida da criança. *Storge* é uma palavra grega que significa "afeição natural", como aquela sentida pelos pais para os filhos.

Amor *Storge* é demonstrado em três maneiras principais por mães.

♥ Um é através do toque afetuoso.

♥ Em segundo lugar, é através do contato visual. Os olhos são as janelas da alma, onde o amor é comunicado para uma criança.

♥ Por último, através do tom de voz. Os tons amorosos alimentam a alma e ajudam as crianças a se sentirem aceitas e valorizadas, dando-lhes a confiança de que necessitam para se libertarem do medo da rejeição e do fracasso.

A falta de amor *storge* leva à atração física e sexual insalubre durante a puberdade. Uma pessoa também pode ter a incapacidade de estabelecer relacionamentos não sexuais baseados no amor e não na luxúria. Eu nunca consegui estabelecer relações não sexuais com mulheres. Seios sempre foram um obstáculo para ser "apenas amigos" com as meninas. Eu acredito que as mulheres podem ver isso nos meus olhos. Ter garotas como amigas simplesmente não fazia sentido para mim. Alguém para conversar? Apenas para conversas e diversão? De jeito nenhum.

Eu também aprendi que até que minha necessidade de amor *storge* fosse satisfeita, eu estava vulnerável à tentação sexual. Eu não tinha a capacidade de me preocupar com as necessidades dos outros. Eu não tinha a capacidade de ser íntimo e carinhoso. Eu não tinha empatia e compaixão e valorizava as pessoas apenas pelo que elas podiam fazer por mim.

Essa falta foi mantida em meu relacionamento com Deus, pois eu valorizava o que ele poderia fazer por mim, mas eu não tinha noção do que era intimidade e amor. Eu tinha um vazio profundo que não podia satisfazer. Isso levou a um ciclo de ferimentos que terminou em sentimentos de desespero e que na vida era muito dolorosa para viver. Uma pessoa pode sentir que *eu gostaria que Jesus voltasse e me levasse para casa.* Eu não tenho idéia de quantas vezes eu pensei a mesma coisa.

Eu agora entendia a causa, a condição e o efeito. Eu sabia porque estava quebrado. No entanto, eu ainda precisava saber como consertar isso.

Capítulo Vinte e um

A Necessidade de Cura

Eu estava razoavelmente com certeza em minha mente sobre o amor de Deus por mim enquanto participava da Shiloh Place Ministries School. Era óbvio para mim que Ele estava ativo em nosso ministério. No entanto, para mim, o Pai Deus era assustador e inacessível. Como o disciplinador, punidor de amor duro, eu me sentia distante Dele. Saber que Deus me ama, mesmo experiencialmente, e curar feridas emocionais, são duas coisas diferentes. A frustração se instalou quando eu me sentei na aula da Escola de Shiloh.

Durante nossa sessão de abertura, falei com nosso ministro da equipe de oração de cura: "Isso não está funcionando".

"Você quer cura instantânea? Não funciona assim. Leva tempo. É como descascar uma cebola. Você precisa descascar uma camada de cada vez antes de chegar ao núcleo. "

Deus estava trabalhando em mim, mas não tão rápido quanto eu queria. Afinal, se eu quero que Ele me cure, Ele deveria fazer isso, no meu tempo. Não deveria?

Aprendi sobre outras áreas problemáticas de ferimentos emocionais, tais como: intimidade, mentiras, fortalezas e falta de perdão. Cada vez que outra camada era arrancada de mim, estávamos nos aproximando do núcleo oculto.

Eu aprendi que pessoas com feridas emocionais procuram por amor em todos os lugares errados. Essas afeições podem ser paixões, posses, posição, desempenho, pessoas, lugar ou poder. Procuramos essas paixões para preencher um vazio de solidão e insegurança.

Muitas vezes, essas afeições se transformam em vícios, comida, álcool, drogas, sexo, pornografia ou qualquer outra coisa que nos conforta.

Percebi que, como não tinha confiança em mim mesmo e temia o fracasso no relacionamento com as mulheres, recorri a paixões falsas. Não demorei a afogar minhas inseguranças nos efeitos entorpecedores do álcool. O álcool também me deu coragem para buscar relacionamentos, mas eles sempre acabaram no mesmo acidente e se queimavam e se auto-destruiam. Quando finalmente casei com Judy, todos os elementos estavam presentes para destruir o casamento. Eu tinha medo de confiar, medo de rejeição, medo de receber amor, medo de intimidade e não podia expressar amor incondicionalmente. Eu não conseguia me comunicar com minha esposa, então eu ia ao bar todas as noites depois do trabalho e bebia para aliviar a dor. Ela estava morando em uma casa onde se sentia mal amada e solitária. Ela não tinha o relacionamento íntimo de que precisava e eu não podia dar a ela. Foi totalmente minha culpa, não dela. Agora eu estava aprendendo que o que veio das minhas feridas emocionais de infância que se tornaram fortalezas na minha vida. Somente o amor do Pai Deus pode curar essas feridas.

A posição é alcançada quando ganhamos a aprovação dos outros. Eu procurava constantemente a afirmação de que eu era digno, tinha valor e era aceito pelos outros. Eu tive a necessidade de me encaixar. Toda a minha vida eu tentei, mas eu sempre senti que eu era uma estaca quadrada tentando encaixar em um buraco redondo. Mesmo com a minha familia.

O desempenho geralmente leva-nos a tornar-mos um perfeccionista. Eu me esforcei para ser perfeccionista. Para me sentir bem comigo mesmo, eu sempre tinha mais uma coisa que eu tinha que fazer. Quando eu finalmente concluia uma atividade, nunca era perfeito o suficiente, e assim aumentaria minhas expectativas. Portanto, alcançar meu objetivo final nunca foi atingível.

Nunca teremos um relacionamento íntimo com outra pessoa se exigirmos a perfeição de nós mesmos ou da outra pessoa. Nos relacionamentos, senti que tinha que ser o amante perfeito e, portanto, tinha um medo constante de não medir. Minha esposa também tinha que ser perfeita. Eu nunca encontrei felicidade e amor nos relacionamentos.

No meu local de trabalho, sempre tive que ser o empregado que fez um trabalho perfeito e escrevi o relatório perfeito do projeto. Se não fosse perfeito o suficiente, eu faria de novo e de novo para tentar obtê-lo perfeito. No entanto, outros funcionários que perderam tempo com bate papo, realizaram menos trabalho e cometeram muitos erros foram os que receberam as promoções e aumentos. Eu nunca consegui entender isso. Então trabalhei mais arduamente, lutando por um objetivo inatingível.

Usamos nosso lugar na força de trabalho para satisfazer nossa necessidade de sermos felizes. Eu não estava feliz no trabalho, mas não tomei posse. Se eu tivesse um emprego melhor, ou um supervisor diferente, ou eu morasse em outro lugar. Toda vez que as coisas começavam a dar errado com o trabalho e a empresa para os quais eu trabalhava, começava a procurar por algo novo, enviar currículos para outras empresas e mudar para outra cidade. No entanto, a cada novo emprego, a cada mudança, não demorou muito para que eu ficasse na mesma rotina em apenas alguns meses. Minha felicidade se desgastou e novamente comecei a procurar maneiras de preenchê-la.

Desenvolvi uma atitude "do meu jeito ou a estrada". Se alguma coisa fosse feita e feita corretamente, eu teria que fazer isso sozinho. Como um perfeccionista, eu sabia que no fundo ninguém poderia fazer um trabalho melhor do que eu e que todo mundo era apenas um bando de idiotas incompetentes. Se eu deixasse alguém fazer um trabalho, eu normalmente assumia o meu caminho. Eu precisava estar no controle da situação para que o resultado produzisse os resultados que eu queria.

Os que buscam poder são as pessoas controladoras que buscam controlar suas próprias vidas e seu destino. Eles procuram controlar emoções, pessoas ou circunstâncias para nunca mais se decepcionarem ou se machucarem novamente. Eu nunca fui assim. Minha vida sempre foi um livro aberto.

A fortaleza da opressão se instalou. Eu constantemente busquei satisfação em coisas que nunca me satisfizeram. Porque eu não podia receber amor, aceitação e admoestação de Deus ou de outros, minha vida era governada por tensão, raiva, amargura, inquietação e frustração que tem o potencial de se transformar em depressão. É por isso que acabei tomando o antidepressivo Wellbutrin XL por alguns anos.

Capítulo Vinte e dois

Perdão

Todas esta informação me deu grande compreensão das causas subjacentes da minhas própria condições na minha vida. No entanto, ainda não tinha recebido a cura total que eu precisava. Senti que havia ainda mais para lidar. Eu simplesmente não consegui colocar meu dedo nisso. Não estava claro em minha mente. Eu precisava de um grande avanço. Deus deu-me finalmente um despertar através do ensino do Pastor Rodney Hogue sobre o perdão, em uma Conferência sobre o Despertar Global. De sua apresentação, eu aprendi que o perdão era uma decisão, não uma emoção. Eu não sabia disso.

Perdão começou quando eu admiti que eu tinha sido ofendido. Perdão não iria apagar a minha memória do delito. O que o perdão fez foi remover o poder daquela memória sobre a minha vida. Perdão não declarava que o que tinham feito os infratores agora estava bem. Quando me pendurei na ofensa e me recusei a liberá-la, estava decidindo que queria ficar no lugar de Deus e me vingar.

Isso fez sentido para mim. O perdão genuíno reconheceu que eu não tinha o direito de me tornar o executor da justiça. Preciso liberar o ofensor e a ofensa de minhas mãos para as mãos de Deus. Meu agressor ainda tinha poder sobre mim até que eu perdoasse. Nas Escrituras, Marcos disse: "Mas se você não perdoar, nem o seu Pai que está no céu perdoará suas transgressões".

Ministérios de cura experimentaram que, quando há falta de perdão, o fluxo da graça de Deus foi desligado de nossas vidas. Como resultado, doenças espirituais, emocionais e possivelmente até físicas foram dadas permissão para operar em nós. A falta de perdão impede a cura física, emocional e interior do amor de Deus.

Existem pastores, estudiosos da Bíblia e outras pessoas que pensam que sabem a interpretação correta das Escrituras que lerão isto e discordarão. Eu conheço alguns deles. Há cessacionistas por aí que não acreditam que as curas aconteçam hoje. Existem dispensacionalistas por aí que acreditam que as curas terminaram com os apóstolos. No entanto, permaneço firme nas convicções do que escrevo porque o vi pessoalmente em nosso ministério de cura. Estes ocorreram enquanto eu ainda procurava minha própria cura. Cada cura fortaleceu minha fé de que eu também poderia ser curado. Eu vi um homem no Brasil que foi curado depois que ele perdoou sua esposa por morrer e Deus por tirá-la dele. Eu fui ao Brasil duas vezes em missões, e Deus me mostrou curas através da profundidade do Seu amor. Testifico através dos meus testemunhos que os cegos vêem, os coxos andam e os surdos ouvem. Isso também fazia parte da minha jornada ao amor do Pai.

Até este ponto, eu tinha sido curado da maioria das mentiras que acreditei durante toda a minha vida. Eu sabia que Deus me amava, não importava o que e eu era seu filho adotivo. Eu sabia que era amável. Questões de medo, vergonha e abandono desapareceram. No entanto, eu ainda tinha problemas profundos de raiva e intimidade, o que significava que eu ainda estava emocionalmente frio e distante. Isso significa que eu tinha que perdoar a Deus? Isso significa que eu tinha que perdoar a mamãe? Isso significa que eu tinha que perdoar a tia Gene? Isso significa que eu tinha que perdoar alguém que já machucou e me machucou mesmo que eu não me lembre deles? Pode apostar.

Capítulo Vinte e três

Transformação do Coração

Aprendi com o Pastor Harold Martin, instrutor do Shiloh Place Ministries, que não posso abraçar o presente e avançar para o meu futuro se estiver vivendo no passado. Eu não posso entrar na plenitude do meu chamado se eu estiver sendo controlado pelas mentiras que eu acreditava serem verdades. Toda vez que eu fui machucado, ferido ou ofendido, o pai das mentira imediatamente me contava uma mentira. Eu me permitia acreditar naquela mentira; e isso me controlou durante toda a minha vida.

O pastor Martin disse que eu não deveria ser enganado porque Satanás foi derrotado. Eu deveria pensar na futilidade desse pensamento. Durante anos, me disseram que o diabo já era derrotado. Se ele já foi derrotado, por que houve uma batalha? Se eu tivesse pensado que o diabo, um ser angélico criado por Deus, era tão ignorante, ele não sabia que ele havia sido derrotado? Se Satanás tivesse sido derrotado, como ele e seus comparsas poderiam me assediar e convencer-me a acreditar em suas mentiras?

O fato era que o diabo não havia sido derrotado. Ele tinha sido despojado. Eu nunca fiz a conexão mental que Satanás derrotado não poderia estar me incomodando, enquanto sabendo que eu estava sendo assediado.

Em Colossenses 2:15, disse que "E, despojando os principados e potestades, os expôs publicamente e deles triunfou em si mesmo." Sendo despojados, a única vantagem real que o inimigo tinha deixado era o engano. A única chance que ele teve de me enganar foi na arena do que eu acreditava. Quando soube a verdade, não pude mais ser enganado. Eu não poderia trazer a escuridão para um quarto iluminado. Eu venceria a batalha e iria ser livre.

Colossenses 1:13 diz: "O qual nos tirou da potestade das trevas, e nos transportou para o reino do Filho do seu amor" Isso é o que a morte de Cristo fez na cruz. Em Romanos 16:20 afirma que "E o Deus de paz esmagará em breve Satanás debaixo dos vossos pés." Em João 12:31 "Agora é o juízo deste mundo; agora será expulso o príncipe deste mundo." Em Apocalipse 17:14 "Estes combaterão contra o Cordeiro, e o Cordeiro os vencerá, porque é o Senhor dos senhores e o Rei dos reis; vencerão os que estão com ele, chamados, e eleitos, e fiéis." Então, como eu poderia batalhar na batalha?

Foi escrito em 2 Coríntios 10:4-54 que "Destruindo os conselhos, e toda a altivez que se levanta contra o conhecimento de Deus, e levando cativo todo o entendimento à obediência de Cristo." Isso estava dizendo que eu precisava de uma transformação do coração através de uma transformação da minha mente.

Parte de transformar minha mente significava determinar a verdade sobre minha identidade. Gênesis, capítulo um, me disse que "E criou Deus o homem à sua imagem; à imagem de Deus o criou." Isso deve ser importante porque Ele repetiu duas vezes. Então, em Efésios, descobri que devo colocar o novo eu, criado para ser como Deus em verdadeira justiça e santidade. Colossenses confirmou que, se eu colocar o novo eu, era renovado em conhecimento à imagem de seu criador. Portanto, porque fui criado à imagem de Deus, não pude ser emocionalmente frio e distante, incapaz de amar e de dar amor. Todos aqueles anos acreditando que eu era incapaz de amar, era uma mentira e eu precisava da minha mente transformada.

O Rev. Harold Martin me disse: "Bruce, você está apenas no estágio um de curar suas feridas emocionais. Você precisa passar pelos estágios de transformar sua mente. É uma jornada ao longo da vida. "

Eu tinha aceitado Jesus Cristo como meu Senhor e Salvador e tinha um relacionamento íntimo com Jesus. Ainda assim eu ainda tinha feridas emocionais não curadas. Eu ainda estava profundamente zangado e lutando com intimidade.

A Trindade é composta por três pessoas separadas em uma natureza. Foi só quando aceitei a Deus Pai como meu pai e estabeleci um relacionamento íntimo com o Pai, além de Jesus, que pude receber mais cura interior.

Conhecer as Escrituras que me mostraram o amor de Deus não significava que eu conhecia Deus. Conhecimento da cabeça sem conhecimento do coração era como ler um livro sobre escalar o Monte Everest sem nunca ter experimentado isso. Com conhecimento da cabeça, eu sabia sobre Deus, mas não conhecia Deus.

Precisamos experimentar o Seu amor para conhecê-lo. Eu estava começando a sentir o amor de Deus diariamente em minha vida. Eu estava reconhecendo as pequenas coisas que Ele estava fazendo. Eu estava falando com ele mais e agradecendo a ele por tudo. *Obrigado Pai pelos pássaros hoje. Obrigado Pai pelo sol.* Meu semblante estava sendo mudado e as pessoas notaram. Até Ellen.

Ela me disse que, a cada vez que recebia a cura de uma ferida emocional, eu parecia estar um pouco mais confiante nela e nas pessoas em geral. Isso a fez sentir como se Deus estivesse trabalhando em mim. Ela teve um vislumbre do que uma pessoa completamente curada podia ser.

Parte de transformar minha mente era como eu pensava sobre quem estava no comando e no controle. Norma Dearing, ex-funcionária do Christian Healing Ministries, usou essa metáfora do carro:

"À medida que viajamos pela vida, estamos dirigindo o carro de nossas vidas. Enquanto dirigimos, vemos Jesus ao lado da estrada. Agora, a maioria de nós O pega O coloca no porta-malas, porque vamos precisar dele em algum momento, como um estepe quando nos metemos em encrenca. Então, enquanto viajamos em nossas vidas, podemos chegar ao local onde achamos que possa ser bom deixar Jesus sair do porta-malas e deixá-lo entrar no banco de trás. Você faz isso por um tempo. E então você fala com Ele e Ele fala com você. Mas Ele não é um motorista do banco traseiro. Então você pode chegar ao lugar em sua jornada espiritual, onde você decide que pode ser bom para Jesus se sentar no banco da frente com você. É bom Tê-lo lá. Você está se sentindo mais perto Dele e passando mais tempo com Ele. Mas você ainda não tem paz em sua vida. Um dia você diz a Ele: "Jesus, por que eu não tenho paz na minha vida?" E ele diz: "Porque eu não estou dirigindo o carro."

Essa história mudou minha vida. Eu estava disposto a desistir do controle para permitir que Jesus dirigisse meu carro? Uma mosca queria acabar na teia de uma aranha? Eu queria controlar tudo na minha vida. Foi muito tempo antes de eu poder me render a Deus. Minha vida fez uma grande reviravolta quando finalmente dei total e completo controle da minha vida a Jesus. Agora eu poderia orar esta oração: *Senhor, eu entrego o controle total da minha vida a você. Eu coloquei você no banco do motorista e eu no banco de trás. Eu entrego tudo que estou em suas mãos - mente, corpo e alma. Faça comigo o que você quiser. Preencha-me com o seu amor, pai. Eu oro isso em nome de Jesus, meu Senhor e Salvador.*

Não demorou muito até que eu experimentei os resultados. Eu não estava mais sob estresse de tomar decisões ou fazer as coisas acontecerem. Eu não tinha mais preocupação ou medo da minha vida. Deus estava no controle - não eu. O que iria acontecer era porque fazia parte do plano dele - não meu. Ele estava no banco do motorista e eu estava junto para o passeio. Portas de oportunidade se abriram para o ministério. Fomos capazes financeiramente de viajar em viagens missionárias quando não poderíamos ter recursos para isso. O impossível de realizar agora era possível. Deus estava me mostrando o coração e o amor de Seu Pai. Eu estava começando a confiar nele.

Houve várias incidências mais significativas que me ajudaram a aproximar-se do Pai. Fiquei comovido com uma história que li e que finalmente me convenceu de que eu era verdadeiramente o filho adotivo de Deus.

Esta lenda urbana é atribuída ao Dr. Fred Craddock, professor de homilética na Emory University em Atlanta, Georgia. No entanto, a origem real ainda é desconhecida.

Um professor de seminário estava de férias com sua esposa em Gatlinburg, Tennessee. Certa manhã, eles estavam tomando café da manhã em um pequeno restaurante, esperando desfrutar de uma refeição tranquila e familiar. Enquanto esperavam pela comida, notaram um homem de aparência distinta, de cabelo branco, movendo-se de mesa em mesa, visitando os convidados. O professor se inclinou e sussurrou para sua esposa: "Espero que ele não venha até aqui".

Mas com certeza o homem veio até a mesa deles. "De onde vocês são?" Ele perguntou em uma voz amigável.

"Oklahoma", responderam eles.

"É ótimo ter você aqui no Tennessee", disse o estranho. "Qual é a sua profissão?"

"Eu ensino em um seminário", ele respondeu.

"Ah, então você ensina pregadores a pregar, não é? Bem, eu tenho uma ótima história para você. "E com isso, o cavalheiro puxou uma cadeira e sentou-se à mesa com o casal.

O professor gemeu e pensou consigo mesmo: "Ótimo. Apenas o que eu preciso, outra história de pregador!

O homem, apontando a janela do restaurante, disse: "Ta vendo aquela montanha ali? Não muito longe da base daquela montanha, havia um menino nascido de uma mãe solteira. Ele teve dificuldade em crescer, porque em todos os lugares que frequentava, ele sempre fazia a mesma pergunta: "Ei, garoto, quem é o seu pai?" Se ele estavesse na escola, na mercearia ou na farmácia, as pessoas perguntariam a mesma coisa: "Quem é seu pai?"

"Ele se escondia dos outros estudantes no recreio e no almoço. Ele evitava entrar em lojas porque essa pergunta o machucava muito. Quando ele tinha cerca de doze anos de idade, um novo pregador veio à sua igreja. Ele sempre chegava atrasado e saía cedo para evitar ouvir a pergunta: "Quem é seu pai?"

"Mas um dia, o novo pregador disse a bênção tão rápido que ele foi pego e teve que sair com a multidão. Quase na hora em que ele chegou à porta dos fundos, o novo pregador, sem saber nada sobre ele, pôs a mão em seu ombro e perguntou: "Filho, quem é seu pai?"

"Toda a igreja ficou mortalmente quieta. Ele podia sentir todos os olhos da igreja olhando para ele. Agora todos finalmente saberiam a resposta para a pergunta: "Quem é seu pai?"

"Este novo pregador, no entanto, sentiu a situação ao seu redor, e usando o discernimento que somente o Espírito Santo poderia dar, disse o seguinte àquele garotinho assustado. 'Espere um minuto! Eu sei quem você é! Eu vejo a semelhança da família agora. Você é um filho de Deus.

"Ele deu um tapinha no ombro do menino e disse: 'Rapaz, você tem uma grande herança. Vá e reivindique-a." Com isso, o menino sorriu pela primeira vez em muito tempo e saiu pela porta com uma pessoa diferente. Ele nunca mais foi o mesmo. Sempre que alguém perguntava: "Quem é seu pai?", Ele dizia: "Eu sou um filho de Deus."

“O distinto cavalheiro levantou-se da mesa e disse: ‘Não é uma ótima história?’”

"Sim, claro que sim", disse o professor. Como o homem se virou para sair, ele disse, “Você sabe, se esse novo pregador não tivesse me dito que eu era um dos filhos de Deus, eu provavelmente nunca teria feito nada!” E então ele foi embora.

O professor de seminário e sua esposa ficaram chocados. Ele chamou a garçonete e perguntou, “Você sabe quem era aquele homem que acabou de sair e que estava sentado em nossa mesa?” A garçonete sorriu e disse, “É claro. Todo mundo aqui conhece. É Ben Hooper. Ele é o ex-governador de Tennessee!”

Esta história me mostrou que mesmo que Ben fosse órfão de pai, ele agora podia sentir a sensação de pertencer, porque ele era o filho de Deus e não mais abandonado. Ele era o filho adotado de Deus de acordo com Romanos 08:15. Eu também era capaz de sentir o mesmo. Trouxe um sorriso ao meu rosto e alegria ao meu coração.

Eventos ocorrendo agora em minha vida me tornaram mais consciente do amor do Pai e de seu poder de cura. Eu me lembro tão bem da viagem ao Christian Healing Ministries (CHM) por três dias de intenso ministério de oração. Eu havia dito a Cheryl Williams alguns meses antes que eu queria ser voluntário na CHM como ministro de oração. Ela estava no comando de todos os ministros de oração.

"Você tem muita bagagem em você. Você precisa passar por três dias de ministério de oração de cura intensiva primeiro, antes que eu possa permitir que você seja voluntário. ”

E assim foi. Eu ainda não tinha lamentado a morte de minha mãe de cinquenta e seis anos atrás. No terceiro dia, Cheryl começou a ler a seguinte bênção da mãe.

A tarefa de uma mãe é nutrir, amar, cuidar, valorizar e ensinar seus filhos. Talvez sua mãe fosse maravilhosa; talvez ela não fosse.

Talvez ela tenha te abandonado ... ou abusado de você: sexualmente, ... fisicamente, ... verbalmente ... ou emocionalmente ... Talvez ela tenha morrido antes de você estar pronto, ou deixado por algum outro motivo.

Lágrimas se formaram nos meus olhos. Eu entrei em soluços dolorosos que liberaram a dor interna oculta dentro de mim. Cheryl terminou de ler a bênção da mãe (veja o apêndice), depois se aproximou de mim e me segurou em seus braços.

Logo depois que concluímos a bênção da mãe, um homem do ministério levantou-se e apresentou a bênção do pai.

O papel do pai é proteger, fornecer, abençoar e estabelecer a identidade do filho. Talvez seu pai tenha feito isso por você; talvez ele não tenha. Talvez ele tenha te abandonado ou abusado de você: sexualmente, ... fisicamente, ... verbalmente ... ou emocionalmente. Talvez ele tenha morrido antes de você estar pronto ou deixado por algum outro motivo. (Veja o apendice)

Mais uma vez, eu estava chorando depois que ele terminou. As lágrimas eram a maneira do corpo de limpar a alma. Eu recebi muita limpeza naquele dia.

Eu estava a caminho de Orlando com Ellen para comemorar o aniversário de sua irmã, Bobbi. Eu tinha feito acordos prévios para ser ministros de oração voluntários no CHM em nosso caminho através de Jacksonville. Era março de 2011. Uma mulher havia escrito em seu cartão de oração do índice seus desejos e desejos de oração. Peguei o cartão do colo dela e li. A última coisa que aconteceu foi "eu quero uma razão para VIVER". Eu orei por ela. Seu rosto permaneceu frio como pedra. Nenhum sinal de mudança emocional. Eu então me abaixei e sussurrei em seu ouvido: "Você pode imaginar

Jesus sentado ao seu lado?" Ela assentiu com a cabeça. Eu sussurrei: "Então faça. Deixe que ele abra seus braços e mantenha você perto de seu coração. Abra o seu coração e receba o amor do Pai através de Jesus. De repente, o rosto de pedra se quebrou, as lágrimas correram como rios de águas curativas, soluços profundos vieram em ondas de emoção. Sussurrei: "Você é a filha amada em quem Ele está bem satisfeito". Agora ela tinha um motivo para viver. O amor do Pai curou.

Deus me mostrou naquele momento que Seu amor também me curaria. Não só eu, mas também outras pessoas para quem ministrei.

Epílogo

Ainda Curando

Quando imaginei pela primeira vez escrever meu memoir, achei que o último capítulo seria aquele em que eu poderia dizer: "Olhe para mim. Fui curado e você também pode ser". Sim, experimentei e recebi o amor do Pai. Sim, agora tenho minha nova identidade como filho de Deus. Sim, meus problemas de abandono desapareceram. Sim, agora sei que sou amado e amável. Sim, eu aprendi o que eu acreditava ser verdade era de fato mentiras do inimigo que eu acabei acreditando. Eu não acredito mais nas mentiras dele.

Então foi em 6 de janeiro de 2014, que uma bomba emocional explodiu. Graças a Deus foi no dia 4 de janeiro.

"Temos que conversar", disse Ellen.

"O-ooo quê?" Eu senti meu coração afundar. O que é desta vez? Eu pensei que estávamos indo bem."

"Nos últimos sete meses, depois de dezesseis anos de casamento, nunca me senti tão sozinha e nem amada".

Uh-oh De onde no mundo veio isso?

Intimidade (in-ti-mi-da-de) é a relação estabelecida a partir da comunicação que constrói o amor entre duas pessoas. Sem comunicação, o relacionamento se torna fraco e a intimidade falha. A comunicação diária constrói o tipo de relacionamento que cada um de nós deseja. Os homens não são leitores de mentes, nem têm doutorado em mulheres. Minha doce Ellen iria manter as coisas dentro dela até que ela explodisse como uma bomba-relógio. Ela disse que também estava com medo de falar comigo. Afinal, a comunicação é como uma rua de mão dupla, certo? E a comunicação está ligada a um bom relacionamento e intimidade como uma corrente. Quebre um dos ligações, quebre a corrente. Foi realmente minha culpa?

Ao longo desses sete meses sobre os quais Ellen estava falando, eu estava fazendo dois cursos no seminário e estava trancado estudando em minha caverna. Durante esse período, comprei mais de cinquenta livros e devorei cada um deles.

"Eu sinto que a única razão pela qual você compra tantos livros, é que você não tem que gastar tempo comigo", disse Ellen.

"Do que você está falando?

"Estou falando sobre relacionamento. Nosso casamento."

Bandeiras vermelhas estavam acenando. Eu já ouvi essa queixa antes, em outro momento e outro casamento. Fiz uma consulta para ver o pastor Harold Martin, do Theophostic Healing Ministry.

Christian Healing Ministries me ensinaram que muitas pessoas são prejudicadas em sua capacidade de ter relacionamentos saudáveis e amorosos por causa do que lhes foi transferido durante a gravidez de suas mães. Os sentimentos, emoções e a resposta às experiências da vida que a mãe tem podem ser traduzidos para o bebê que ainda não nasceu. O problema é que nem sempre são interpretados corretamente pela criança.

Toda a minha vida tive problemas em entrar em contato com minhas emoções. Eu pensei que poderia ter sido relacionado à privação de amor. No entanto, solicitei uma sessão do ministério de cura interna para tratar dessa questão. Para minha surpresa, Deus revelou que minha condição emocional era o resultado dos sentimentos e emoções que recebi de minha mãe enquanto estava no útero.

Era o começo de 1945. Amigos, parentes e meu pai estavam na guerra. As pessoas estavam morrendo e as dificuldades, a dor e as emoções eram insuportáveis. O pastor Martin e eu discutimos a possibilidade de que as pessoas durante esse tempo tenham conscientemente se tornado insensíveis às suas emoções. Minha mãe pode ter feito uma promessa de que não se permitiria sentir a dor, de encerrar suas emoções, de modo que, se o marido fosse morto, não doeria tanto. Levantei-me para pegar uma xícara de café.

"O que aconteceu?", Perguntou o pastor Martin.

Eu estava ali tremendo.

"Eu acho que acabei de receber uma confirmação de que isso era verdade."

Eu experimentei o amor, a paz e a alegria de Deus fluindo através de mim, começando no topo da minha cabeça e lentamente terminando nos dedos dos pés. Era um sentimento todo abrangente que eu só queria continuar tomando banho. A verdade tinha sido revelada e a mentira estava quebrada agora. Como um bebê ainda não nascido, eu havia absorvido da minha mãe a necessidade de ser emocionalmente desapegada.

Muitas pessoas também são prejudicadas em sua capacidade de ter relacionamentos saudáveis e amorosos, porque não receberam o tipo certo de amor de suas mães em seus anos de formação. No meu questionário de anulação, a primeira pergunta foi: "O que você aprendeu sobre o amor de seus pais?"

Minha resposta: NADA!

Enquanto eu estava tentando entender as coisas, porque eu queria desesperadamente que meu casamento com Ellen funcionasse, nosso amigo e ex-membro da equipe do Christian Healing Ministries me enviou por e-mail: As Cavernas dos homens são seguras. Você se sente no controle em sua caverna de homem. Pode ser o mundo que você quer que seja. Cavernas de homens são boas para o tempo sozinho, o que é necessário para todos. Mas os relacionamentos exigem comunicação e você precisa conversar um com o outro sobre suas necessidades.

Fico feliz em dizer que, graças à vontade de Ellen de trazer à tona seus sentimentos, e aos amigos e familiares da nossa igreja que nos deram tanto apoio, resolvemos nossos problemas. Eu não tive que enfrentar a rejeição mais uma vez na minha vida. Estabelecemos uma rotina diária de comunicação entre os eventos do dia, nossos pensamentos e sentimentos, e o que mais precisa ser discutido.

Ao escrever este livro, experimentei curas que eu não estava preparado para receber. Consegui ver o ponto de vista de tia Gene e perdoá-la. Consegui perdoar minha mãe por me fazer morar lá. Ela tomou as decisões que achava melhores para mim. Consegui perdoar papai por não sair da escotilha inferior do tanque, como seu motorista de tanque, e voltar para casa em segurança. Cheguei à conclusão de que uma pessoa pode experimentar muitas curas de vários ministérios cristãos de cura; no entanto, se uma pessoa não tem uma transformação do coração através de uma transformação mental, essa pessoa não foi totalmente curada. Se eu tivesse um encontro experiencial do amor do Pai e, portanto, soubesse por meio dessa experiência que o Pai me ama, mas ainda acreditasse que Ele não me ama porque sou um pecador, então não estou totalmente curado. O coração do problema está no coração.

Esta jornada finalmente me ajudou a ser um ministro de oração de cura melhor em nosso ministério Carolinas Ecumenical Healing Ministries. Planejamos o futuro para conduzir seminários sobre a cura de feridas emocionais na infância. Espero estar pregando e ensinando em todos os Estados Unidos e no exterior, especialmente no Brasil. Se esse é o Seu plano.

Isso me ensinou que, embora eu tenha recebido grandes curas das feridas emocionais da minha infância, há mais. Eu estou curado, mas ainda estou quebrado. Eu ainda tinha uma profunda raiva oculta.

Eu sabia que estava lá. Eu pude sentir isso. Eu facilmente perdia a paciência e cerrava os dentes sem motivo. Especialmente com Ellen.

Recentemente, em janeiro de 2015, participamos de um retiro de "Viagem para curar" no St. Christopher Retreat Center em Seabrook Island, Carolina do Sul. Já estivemos lá muitas vezes e adoramos o lugar. Os funcionários do Christian Healing Ministries eram os oradores. Algumas das equipes de oração eram nossas amigas do ministério. Fui até nosso amigo Kitts e disse: "Preciso de uma equipe especial de ministros de oração experientes para curar a oração. Eu tenho uma raiva muito profunda e oculta. Eu sei que está lá, mas não consigo encontrar a raiz. "

"Amanhã veja se Ned e Barbara podem orar com você."

Na manhã seguinte, consegui organizar a sessão. Foi determinado que esta raiva estava descendo as linhas geracionais da minha mãe. Então, entramos em oração para bloquear a raiva e curar as linhas geracionais. Ned começou uma oração de bloquear e curar qualquer raiva que descia de gerações passadas até sete gerações. De repente, pensei em Gram. Esse era o nome da mãe do meu pai. Ela era a avó cheia de urina e vinagre, sempre zangada, nunca levou desaforo de ninguém, bem, você entendeu. Eu tive raiva da minha avó. Recusei-me a aceitar isso em minha vida mais e enviei essa raiva a Jesus para fazer com o que Ele faria. Houve uma grande mudança em mim desde então.

No entanto, esta jornada não acabou. É um processo constante e interminável todos os dias. Em junho de 2015, fomos para a Alemanha e para a Holanda. Eu recebi correspondência de pessoas que sabiam o local exato em que tanque dele estava em Roermond e onde seu tanque foi baleado em Gelsenkirchen (Buer-Hassel). A sociedade histórica em Gelsenkirchen encontrou-se comigo e nós caminhamos para o exato cruzamento que o meu pai foi morto. Repórteres estavam lá para relatar a história nos jornais. O prefeito me presenteou com uma placa na cidade. Então, visitei o túmulo de meu pai pela primeira vez em Margraten, Holanda, para meu aniversário de 25 de junho. No entanto, a cura ainda está acontecendo. Esta tem sido e ainda é a minha jornada para o amor do Pai. Espero que minha história te ajude com o seu.

Bruce Brodowski

Em Memória

Meu melhor amigo, Rickey

Susan me enviou um email em 2014 que Rickey estava em uma casa de repouso e não estava indo muito bem. Sua diabetes juvenil tinha finalmente cobrado seu preço. Eu perguntei a ela quanto tempo ele tinha e eu deveria fazer planos para dirigir as oito horas até o Alabama para vê-lo. Ela disse que não sabia quanto tempo ele tinha, mas ela me manteria informada.

Rickey e eu passamos por bons e maus bocados. Ele sempre esteve lá por mim e eu por ele. É isso que os melhores amigos fazem. Depois que o distribuidor de produtos químicos deixou Rickey ir para as instalações de Houston, ele se mudou de volta para o Alabama para estar perto de parentes. Afinal de contas, ele era um bom menino, com uma barba caipira e cabelos compridos, retos e avermelhados que cobriam a crescente careca em sua cabeça.

Eu estava lá com ele por telefone quando ele foi demitido de seu trabalho em Nashville. O filho do dono do distribuidor químico estava dificultando a vida para ele, e Rickey não se sentia seguro em seu emprego. Ele estava certo. Sua visão estava começando a falhar com a diabetes, fazendo com que ele cometesse erros

Eu estava lá com ele para apoiá-lo depois de suas cirurgias no olho de vasos sanguíneos quebrados, e quando ele finalmente acabou com a maior parte de seu olho interno e pupila removidos. Eu não posso imaginar como foi para ele perder a visão depois de todos esses anos. No entanto, ele estava esperando isso desde o ensino médio.

Eu estava lá com ele quando seus rins estavam falhando e ele precisou de diálise diária. Sentei-me em sua sala de estar em Athens, Alabama, e observei-o andar de um lado para o outro como um tigre enjaulado da porta da frente até os fundos. Foi apenas um dos efeitos colaterais da uréia no sangue. Fiquei triste por não conseguir consertá-lo. Ele finalmente recebeu um transplante de rim.

Ele estava lá para mim durante a minha jornada para a cura interior. Rickey tinha uma sensação estranha de ler as pessoas. Ele adorava ouvir minhas histórias do que Deus estava fazendo em minha vida e todos os milagres, sinais e maravilhas. De alguma forma, ele sabia antes que eu de que Ellen era a pessoa certa para mim.

"Ei, sou eu, Sly."

Eu o apelidei de Sly porque era um ajuste perfeito. Rickey era o tipo de pessoa que deixava você saber apenas o que ele queria que você soubesse. Nenhuma pessoa teve todas as peças para o quebra-cabeça. Nem mesmo o irmão dele. No entanto, acho que o entendi melhor que a maioria.

“Meirda, eu sei. Estás bem?"

"Estou falando com você no telefone. Além disso, eu estou mais ocupada do que um gato de cauda longa em uma sala cheia de cadeiras de balanço.” Parece que quando eu falava com Rickey, eu automaticamente ia para um sotaque sulista.

"Você quer dizer mais ocupado do que um cabide de papel de parede com um braço só, não é?"

Nós rimos.

"Então o que se passa contigo?"

“Nada demais. Estou resolvendo para que tio Ruben me leve amanhã para o meu restaurante favorito no café da manhã.”

“Eu acho que sei onde é isso. Você não está interessado no café da manhã. Você não pode me enganar. Tudo o que você está interessado é mexer com aquela garçonete ruiva que trabalha lá. Eu conheço você, amigão, como a palma da minha mão.

"Ha, você que acha."

Então contei tudo sobre Ellen e o que Deus estava fazendo na minha vida.

"Bem, eu tenho que ir, Sly."

"É melhor você se casar com essa garota. Parece que ela é a pessoa certa para acertar sua bunda e te endireitar.”

"Tanto faz. Tchau."

"Até mais tarde."

Susan deixou Rickey saber que planejamos visitá-lo depois de participar de uma conferência em Nashville na última semana de julho. Ele estava animado; no entanto, as coisas se tornaram sensíveis e se tornaram algumas semanas mais cedo. Ele foi movido de um asilo de idosos para enfermarias psiquiátricas. Ninguém sabia o que fazer com ele. As drogas psiquiátricas o deixaram louco e indiferente. Alguém finalmente fez outra avaliação, tirou-o das drogas e o transportou para uma casa de repouso em Decatur. Alabama.

Chegamos no sábado por volta das três da tarde. Susan nos encontrou.

"Eu não sei como ele vai ser hoje. Ele ficou quieto e não falou."

Entramos em seu quarto e eu coloquei meus braços ao redor dele.

"Ei, amigão, se um sapo tivesse asas, o que aconteceria?"

Ele não respondeu, mas eu vi um leve sorriso aparecer em seu rosto, e eu sabia que Sly entendia tudo o que estava acontecendo ao seu redor. Ele pode não ter falado, mas estava ouvindo e anotando tudo. Ficamos e observamos o jantar dele. Ele estava alerta, respondeu minhas perguntas e falou comigo em frases curtas. Ocasionalmente eu pegava um sorriso discreto. Como se ele estivesse tentando esconder isso. Sly ainda estava sendo astuto.

Sentei-me na cama ao lado dele antes de sairmos. Ele lentamente arrastou a mão esquerda para mim, sentindo o seu caminho em direção ao meu. Nós nos demos as mãos por alguns minutos. Então nós dissemos nossos adeus. Eu fui ao redor e fiquei atrás dele com meus braços ao redor do seu corpo magro.

"Tchau Rickey. Você vai se comportar?

"Sim."

"Acho que não. Você seja um bom menino, tá escutando?

Então saímos. Rickey desceu rápido depois da nossa visita. Na manhã do próximo domingo, o sobrinho de Rickey, Steve, nos ligou.

Rickey faleceu naquela manhã às sete da manhã. Ellen e eu nos entreolhamos e sabíamos que Deus providenciou para Rickey ficar vivo, estar alerta e bem, apenas o tempo suficiente para a nossa visita. Era como se Rickey estivesse esperando para nos ver antes de sua morte. O amor de Deus é tão incrível.

Descanse em paz Rickey, seu cachorrão. Até mais tarde.

NOTAS

Página 42 John Jacob Jingleheimer Schmidt

http://www.scoutsongs.com/lyrics/johnjacob.html

Página 42 O relógio do meu avô

http://www.kididdles.com/lyrics/m018.html

Página 55 Jerry Capehart (1961) Vire-se, olhe para mim, (gravado por Glen Campbell) 7" único, crista registros. http://en.wikipedia.org/wiki/Turn_Around,_Look_at_Me

Página 57 Boa noite, meus concidadãos,"disse Kennedy. "Este governo, como prometido, tem mantido a vigilância mais próxima da formação militar Soviética na ilha de Cuba. Na semana passada, evidência inconfundível estabeleceu o fato de que uma série de sites de mísseis ofensivos está agora em preparação naquela ilha aprisionado. Os efeitos destas bases podem ter nenhum além de fornecer capacidade nuclear contra o hemisfério ocidental....

Deve ser a política desta nação a considerar qualquer míssil nuclear lançado pela União Soviética, os Estados Unidos, que exigem uma resposta retaliatória completa sobre a União Soviética de Cuba contra qualquer nação do hemisfério ocidental, como um ataque."

http://www.Fordham.edu/Halsall/mod/1962kennedy-Cuba.html

Página 58 Não se soube até mais tarde na conferência Cuba Missile Crisis em outubro de 2002 que em 27 de outubro de 1962 o USS Beale rastreou e deixou cair acusações de profundidade (o tamanho das granadas de mão) no B-59, um projeto soviético 641. (Designação da OTAN Foxtrot) submarino que, desconhecido para os EUA estava armado com um torpedo nuclear de 15 kiloton.

http://en.wikipedia.org/wiki/Cuban_missile_crisis

Página 58 "Cartas para Lucerna" é sobre os problemas que enfrenta a guerra que eclodiu em agosto de 1939. Ela ocorre em uma escola para meninas em Lucerna, Suíça. Este foi o primeiro jogo em um tempo de tamanha força dramática realizada em Whitesboro alta. John foi Hans, Mike foi Francois e eu era Herr Koppler

http://www.samuelfrench.com/p/6141/Letters-to-Lucerne

Página 68 Nós simplesmente não sabemos como nossas feridas emocionais na infância nos moldarão nos adultos feridos que nos tornamos, agora nós? Anos depois do treinamento ministerial, eu sei de ler o livro do Dr. Grant Mullen Por que eu sinto tão triste quando minha fé deve me levantar que "se o nosso processo de maturação emocional durante a puberdade prosseguir corretamente, nós passaremos de um eu interior - estágio consciente, para uma fase confiante e autoconfiante, onde nos sentimos seguros em nossa identidade e auto-estima. Mullen, Dr. Grant, Por que eu sinto tão baixo quando minha fé deve me levantar ?, (emocionalmente livre) pp 207-209

Página 105 Leif Hetland estava falando sobre os problemas do coração órfão. Este foi o primeiro que eu ouvi sobre isso. Tudo o que ele disse apontou diretamente para mim. Eu poderia ter sido o garoto-propaganda de sua apresentação de coração órfão. Hetland, Leif, Cura do DVD do Órfão Órfão, Consciência da Missão Global, Killian, AL. 35645

http://globalmissionawareness.com

Página 109 Ellen e eu entramos no ministério de cura em tempo integral e treinamos no Christian Healing Ministries em Jacksonville, Flórida.

http://www.christianhealingmin.org Também fizemos um extenso treinamento com os DVDs de Elijah House, https://www.elijahhouse.org Global Awakening School of Healing, https://globalawakening.com Sozo, and Theophostic Ministry. http://www.theophostic.com

Página 110 De acordo com o Dr. Grant Mullen, quando a adolescência emocional permanece sem cura, as pessoas se odeiam e se preocupam com seu próprio sentimento de vazio, culpa, vergonha e inadequação. Infelizmente, a maioria de nós ainda está lutando com essa fase e com essas emoções imaturas não curadas.

Mullen, Dr. Grant, M.D. Por que me sinto tão triste quando minha fé deveria me levantar? (Emocionalmente livre) pp 207-209

Página 110 não consegui o suficiente dos ensinamentos de Leif Hetland http://globalmissionawareness.com, Mark Stibbe http://www.fathershousetrust.com, James Jordon http://www.fatherheart.net, e Jack Frosthttp://www.shilohplace.org.

Página 114 Trisha Frost ensinou sobre problemas do pai. Ela disse que muitas vezes nós carregamos conflitos não resolvidos em direção ao nosso pai terreno ou figuras paternas que podem nos impedir da intimidade com Deus. Às vezes, ainda há inconsciente dor no núcleo oculto do relacionamento do nosso pai dentro da nossa mente, vontade, nossas emoções (a alma). Dor no núcleo oculto pode resultar de insultos falados de um pai, promessas não cumpridas, rejeição total, olhares humilhantes, decepções, tristeza ou abandono. Essas questões paternas podem influenciar nossa capacidade de confiar plenamente na intimidade com o Pai celestial. Shiloh Place Ministries. Experiencing Father's Embrace School

Página 114 Houve o bom pai. Fisicamente, as crianças têm um teto sólido sobre as cabeças, roupas bonitas para usar e boa comida para comer. Emocionalmente, esses pais são estáveis e amorosos, passam tempo com seus filhos, satisfazem suas necessidades de segurança e afirmação, e parecem fazer tudo que um pai deveria... Frost, Jack, *Experiencing Father's Embrace*, p 114

Página 114 Depois havia o pai orientado para o desempenho. Exigências rigorosas para a obediência perfeita de uma criança e padrões de alto desempenho, se não temperadas com grandes quantidades de amor, afirmação e elogio expressos, muitas vezes resultam em muitos problemas mais tarde na vida. Frost, Jack, *Experiencing Father's Embrace*, p 116

Página 114 , Em terceiro lugar é o pai passivo. Esse tipo de pai não exige grandes exigências para seus filhos, mas tampouco há rejeição evidente. Ele simplesmente não consegue estar em casa mesmo quando está em casa. Ele não é capaz de demonstrar amor ou afeição, geralmente não intencionalmente, porque ele mesmo nunca recebeu essas coisas de seu próprio pai. Frost, Jack, *Experiencing Father's Embrace,* p 117

Página 115 Em seguida, ela discutiu o tipo a seguir de pai, que era o pai ausente. Este pai é aquele que não está fisicamente presente no repouso. Poderia ter sido causado por morte, divórcio ou abandono. Frost, Jack, *Experiencing Father's Embrace,* p 118

Página 114 Trisha Frost cobriu os dois últimos tipos de pai na classe Shiloh Place Ministries. O pai autoritário está mais interessado no amor à lei do que na lei do amor. Eles vão além dos pais orientados pela a performace e exigem severamente a obediência imediata e inquestionável de seus filhos. Frost, Jack, *Experiencing Father's Embrace*, p 119

Página 115 O último tipo de pai foi o pai abusivo. Este é o pai que está se tornando mais comum em nosso mundo atual. Estes são os pais abusivos verbais, emocionais, físicos ou sexuais no relacionamento familiar. Frost, Jack, *Experiencing Father's Embrace*, p 119

Página 116 O amor de *Storge* demonstra-se em três caminhos principais por mães: Por um toque afetivo. Os médicos provaram cientificamente que sem uma dose diária regular de carinho afetam o corpo e as emoções tornam-se insalubres. Shiloh Place Ministries. Experiencing Father's Embrace School.

Página 117 O ensinamento continuou afirmando que, até que nossa necessidade de amor impuro seja satisfeita, estamos vulneráveis à tentação sexual. Muitas vezes não temos a capacidade de nos preocupar com as necessidades dos outros. Nos falta a capacidade de sermos íntimos e atenciosos. Falta-nos empatia e compaixão e valorizamos as pessoas pelo que podem fazer por nós. Isso certamente me descreveu. Isso transita em nossas relações com Deus, pois valorizamos o que Ele pode fazer por nós, mas não temos noção do que é intimidade e amor. Shiloh Place Ministries. Experiencing Father's Embrace School.

Página 120 Buscamos paixões porque somos solitários e inseguros. Procuramos preencher essas necessidades através de outros meios que muitas vezes se desenvolvem em ... vícios em comida, álcool, drogas, sexo, pornografia e tudo o que mais nos conforta. Frost, Jack, *Spiritual Slavery to Spiritual Sonship*, p 43

Página 129 Esta lenda urbana apareceu pela primeira vez na internet em 2002. É atribuída ao Dr. Fred Craddock, que é professor de seminário de homilética na Emory University em Atlanta. No entanto, a origem real ainda é desconhecida.

http://ejswensson.posterous.com/Whos-Your-Daddy-check-out-this-Inspiring-Chri

Página 131 A tarefa de uma mãe é nutrir, amar, cuidar, valorizar e ensinar seus filhos. Talvez sua mãe fosse maravilhosa; talvez ela não fosse.

http://www.christianhealingmin.org/index.php?option=com_content&view=article&ID=481: um-mães-bênção & catid = 130:sample-orações & Itemid = 385

Página 131 O papel do pai é proteger, fornecer, abençoar e estabelecer a identidade de seus filhos. Talvez seu pai tenha feito isso por você; talvez ele não tenha. Talvez ele tenha te abandonado ... ou abusado de você: sexualmente, ... fisicamente, ... verbalmente ... ou emocionalmente ... Talvez ele tenha morrido antes de você estar pronto, ou deixado você por algum outro motivo.

http://www.christianhealingmin.org/index.php?option=com_content&view=article&ID=480: um-pais-bênção & catid = 130:sample-orações & Itemid = 384

Apêndice A

Pesquisas anteriores levaram-me a um livro de uma psiquiatra holandesa, a Dra. Anna A. Terruwe, que descobriu o Distúrbio da Privação Emocional (DDE) na década de 1960. Seu livro, traduzido para o inglês como Neurose da Frustração ou Neurose de Privação, descreveu a condição de uma pessoa não-afetada quando foi privada de uma afirmação autêntica. Ele pode ter sido criticado, ignorado, negligenciado, abusado ou rejeitado emocionalmente pelos cuidadores primários no início da vida, resultando em um crescimento emocional atrofiado. Indivíduos não-maduros são incapazes de se desenvolverem em adultos emocionalmente maduros sem receber uma afirmação autêntica de outra pessoa. A maturidade é alcançada quando há uma relação harmoniosa entre o corpo, a mente, as emoções e a alma espiritual de uma pessoa, sob a orientação de sua razão e vontade. Os indivíduos EDD são descritos como "incapazes de estabelecer contato normal e maduro com os outros. Esta relação emocional anormal com os outros faz com que a pessoa se sinta solitária e desconfortável em ambientes sociais, ela se sente como um estranho, não faz parte do grupo. "
http://www.healthieryou.com/mhexpert/exp1082503b.html

Apêndice B

A Benção da Mãe

De Christian Healing Ministries

A tarefa de uma mãe é nutrir, amar, cuidar, valorizar e ensinar seus filhos. Talvez sua mãe fosse maravilhosa; talvez ela não fosse.

Talvez ela tenha te abandonado ... ou abusado de você: sexualmente, ... fisicamente, ... verbalmente ... ou emocionalmente ... Talvez ela tenha morrido antes de você estar pronto, ou deixado por algum outro motivo.

Talvez ela tenha feito de você seu ídolo, deliciando-se tanto com você que você não conseguiu se separar para ser você mesmo. Talvez ela tenha feito de você o bode expiatório de todos os seus problemas, de forma que você sofreu por coisas que outras pessoas fizeram com ela, que a assustaram, magoaram ou irritaram. Talvez ela tenha se colocado entre você e seu pai; ou forçá-lo continuamente a escolher lados. Talvez ela tenha colocado você entre ela e seu marido; talvez ela não tenha te protegido dele. Talvez ela tenha te culpado por coisas que não foram culpa sua. Talvez ela insistiu que você fosse a "mãe" dela em vez dela ser sua "mãe". E talvez você tenha se sentido importante por causa disso, não percebendo que estava ficando preso e sobrecarregado, e desde então você tem corrido vazio, sem saber o que precisa ou quer.

Talvez ela tenha te deixado aos cuidados de pessoas nocivas e perigosas ... Talvez ela não tenha visto ou acreditado em você quando você foi pedir ajuda a ela ... Talvez ela estivesse ocupada demais para ver o que você queria ou precisava.

Eu realmente não sei...

Se você estiver disposto a ouvir as palavras de uma mãe ferida falando com você, por favor, feche os olhos por alguns minutos.

Percebo que não sou sua mãe, mas, por favor, permita-me substituí-la e substituí-la por sua mãe, que pode ou não ter dito nenhuma dessas coisas. Por favor, permita-se ouvir estas palavras.

Meu querido filho, sei que as Escrituras ordenam que você me honre; e eu quero que você saiba que você me honrará melhor tornando-se e sendo tudo o que o Senhor pretende que você seja. Peço ao Senhor que te abençoe ricamente.

Eu peço ao Senhor Jesus Cristo pelo poder de Sua Cruz e Sangue para libertá-lo agora de quaisquer palavras duras ou cruéis que eu disse, especialmente aquelas que você continua lembrando repetidas vezes. Eu sinto muitíssimo.

Peço ao Senhor que o liberte de ferimentos cardíacos que você sofreu de mim ou de outras pessoas a cujos cuidados eu o coloquei. Peço ao Espírito Santo para libertá-lo de mágoas, desapontamentos, pavor, mágoa ou raiva que você não consegue resolver. .

E sinto muito por qualquer outra luta que eu possa ter causado a você. Que você seja curado de ser ignorado por mim ou sufocado por mim.

Com isso eu entrei em soluços profundos e dolorosos. A mágoa, a dor de todos aqueles anos reprimidos dentro de mim estava finalmente saindo.

Se alguma vez te fiz sentir menos ou não suficientemente bom, peço desculpa e peço-lhe que por favor perdoa-me. Que o Senhor te liberte de trabalhar tão duro para me agradar quando nada faria. Que o Senhor te liberte de tentar tirar de mim o que eu nunca tive que te dar. Eu sinto muito.

Que o Senhor te liberte de me culpar por falhar em você. Não porque eu precise disso, mas você pode ser livre para crescer, receber e alcançar; ser criativo de maneiras que você ainda não imaginou. Que o Senhor lhe dê todas as coisas que eu não pude ou não quis dar a você. Que o Senhor o guie de maneiras que nunca pude e lhe conceda a paz.

NOTES

Que o Senhor te liberte de qualquer pesar, medo, terror, raiva, pavor e expectativas que você ainda esteja tentando viver.

Que o Senhor te liberte de sentir que você tem que ser sempre perfeito.

Eu oro para que Deus te ajude a ver que a dor e a dor que eu causei a você vieram da minha própria infância. Isso me limitou, e eu sinto muito se isso limitou você.

Eu oro para que Deus remova de você qualquer crença de que você não foi desejado ... ou amado.

Eu rezo para que você não tenha dúvidas de que você é o gênero que você deveria ser.

Por favor, perdoe-me por não nutrir você. Eu oro para que o Senhor vos liberte de qualquer vínculo doentio que possa ter comigo. Quero que você guarde todo o bem que veio de mim e dê o resto a Deus.

Meu precioso… eu te amo.

Estou tão orgulhoso de ti.

Estou tão feliz que você nasceu.

Seja liberado agora para ser a pessoa que Deus criou para você ser. Seja livre… meu amor… e viva!

Apêndice C

A Benção do Pai

From Christian Healing Ministries

O papel do pai é proteger, fornecer, abençoar e estabelecer a identidade do filho. Talvez seu pai tenha feito isso por você; talvez ele não tenha. Talvez ele tenha te abandonado ou abusado de você: sexualmente, ... fisicamente, ... verbalmente ... ou emocionalmente. Talvez ele tenha morrido antes de você estar pronto ou deixado por algum outro motivo.

Talvez ele tenha feito você seu bichinho, se deleitando tanto com você que você não conseguiu se separar para ser sua própria pessoa.

Talvez ele estivesse distante, afastado e não demonstrasse interesse em você, ou ele a aterrorizava com sua raiva e fúria.

Talvez ele tenha feito de você o bode expiatório de todos os seus problemas, de modo que você sofreu por coisas que outras pessoas fizeram com ele.

Talvez ele culpou você por coisas que não foram sua culpa em tudo.

Talvez ele tenha trabalhado muito ou tenha jogado muito duro e nunca tenha passado tempo com você ... perdido seus jogos de futebol, seus recitais de dança, suas abelhas ortográficas.

Talvez ele tenha passado muito tempo com você, forçando-se a se tornar o atleta, estudante, médico ou advogado que você nunca quis ser.

Talvez ele tenha te deixado aos cuidados de pessoas nocivas e perigosas. Talvez ele não tenha visto ou acreditado em você quando você foi até ele por ajuda. Talvez ele estivesse preocupado demais consigo mesmo para ver qualquer coisa que você quisesse ou precisasse. Eu realmente não sei.

NOTES

Se você estiver disposto a ouvir as palavras de um pai quebrado falando com você, por favor, feche os olhos por alguns minutos.

Percebo que não sou seu pai, mas, por favor, permita-me substituí-lo e, no lugar de seu pai, que pode ou não ter dito qualquer uma dessas coisas, permita-se ouvir estas palavras:

Peço-lhe, Pai Celestial, que abençoe ricamente essas crianças em todos os lugares onde não consegui abençoar.

Eu peço ao Senhor Jesus Cristo pelo poder de Sua Cruz e Sangue para libertá-lo agora de quaisquer palavras duras ou cruéis que eu disse ... especialmente aquelas que você continua lembrando repetidas vezes. Eu sinto muitíssimo.

Peço ao Senhor que o liberte de ferimentos cardíacos que você sofreu de mim ou de outras pessoas a quem cuidei.

Peço ao Espírito Santo para libertá-lo de mágoas, desapontamentos, pavor, mágoa ou raiva que você não consegue resolver.

E sinto muito por qualquer outra luta que eu possa ter causado a você. Que você seja curado de ser ignorado por mim ou exagerado por mim.

Se alguma vez te fiz sentir menos ou não suficientemente bom, peço desculpa e peço-lhe que por favor perdoa-me. Que o Senhor te liberte de trabalhar tão duro para me agradar quando nada faria. Que o Senhor te liberte de tentar tirar de mim o que eu nunca tive que te dar. Eu sinto muito.

Que o Senhor te liberte de me culpar por falhar em você, não porque eu precise disso, mas você pode ser livre para crescer; receber; e alcançar; ser criativo de maneiras que você ainda não imaginou. Que o Senhor lhe dê todas as coisas que eu não pude ou não quis dar a você.

NOTES

Que o Senhor o guie de maneiras que nunca pude e lhe conceda a paz.

Que o Senhor te liberte dos efeitos de meus vícios, minhas ansiedades e minha raiva.

Que o Senhor te livre de sentir que você tem que ser sempre perfeito ou que você tem que ser o que eu esperava que você fosse.

Eu oro para que Deus te ajude a ver que a dor e a dor que eu causei a você vieram da minha própria infância. Isso me limitou, e eu sinto muito se isso limitou você.

Eu oro para que Deus remova de você qualquer crença de que você não foi desejado ... ou amado.

Eu rezo para que você não tenha dúvidas de que você é o gênero que você deveria ser.

Eu oro para que o Senhor te liberte de qualquer vínculo doentio que você possa ter comigo. Eu quero que você guarde todo o bem que veio de mim e entregue o lixo a Deus.

Meu amado filho ... minha preciosa filha ... eu te amo. Estou tão orgulhoso de ti. Estou tão feliz que você nasceu. Levante voo, meu amor ... voe para as alturas do destino de Deus para você ... voe livre ... e viva!

Apêndice D
Problemas de Pai
De Shiloh Place Ministries School

Essas questões paternas podem influenciar nossa capacidade de confiar plenamente na intimidade com o Pai celestial. Nossa imagem do Pai Deus tornou-se sombreada por nossa imagem de nossos pais terrenos, à medida que transferimos para o Pai Deus muitos de nossos sentimentos sobre nossos pais terrenos. Como vemos o Pai Deus determina se podemos receber amor, segurança, aceitação, descanso, conforto, provisão e cura em Sua presença. Mesmo uma pequena falha no caráter de nosso pai terreno pode distorcer nossa capacidade de receber o amor do Pai Deus. Essas falhas - grandes e pequenas - criam alguns dos nossos problemas mais profundos em receber Deus como um Pai amoroso. Não importa quanto nosso pai terreno tenha suprido nossas necessidades físicas, se não nos sentimos á salvos, seguros e confortados por seu amor e sua presença, então podemos nos sentir distantes do Pai Deus.

Existem seis categorias básicas do tipo pai, cada uma afetando nossa imagem de Deus de uma maneira diferente. Estes eram o bom pai, o pai orientado pela desempenho, o pai passivo, o pai ausente, o pai autoritário e o pai violento.

- O Bom Pai. Fisicamente, as crianças têm um teto sólido sobre as cabeças, roupas bonitas para usar e boa comida para comer. Emocionalmente, esses pais são estáveis e amorosos, passam tempo com seus filhos, satisfazem suas necessidades de segurança e afirmação e parecem fazer tudo que um pai deveria. Contudo, as crianças podem tornar-se excessivamente ligadas aos seus pais terrenos e não desenvolver um relacionamento íntimo com Deus. Eles podem encontrar sua identidade adulta apenas em servi-lo, em vez de serem íntimos com ele. As filhas dos "bons pais" podem ter dificuldade em "sair e se apegar" quando chega a hora de deixarem a casa do pai e se tornarem esposa do marido. Eles podem comparar seu cônjuge com as características inatingíveis de seu pai, com o cônjuge raramente medindo.

- O pai orientado pelo o desempenho. Exigências rigorosas para a obediência perfeita de uma criança e padrões de alto desempenho, se não temperadas com grandes quantidades de amor, afirmação e elogio expressos, muitas vezes resultam em muitos problemas mais tarde na vida. A criança constantemente busca a perfeição para ganhar o amor do pai; no entanto, sendo seres humanos, a perfeição não é atingível. A criança simplesmente não é boa o suficiente para ter um lugar no coração do pai. A criança ferida passa para um relacionamento adulto com Deus com uma mentira que "eu só pertenço e sou amado e aceito pelo que faço e quão bem eu o faço".
- O pai passivo. Esse tipo de pai não exige grandes exigências para seus filhos, mas tampouco há rejeição evidente. Ele simplesmente não consegue estar em casa mesmo quando está em casa. Ele não é capaz de demonstrar amor ou afeição, geralmente não intencionalmente, porque ele mesmo nunca recebeu essas coisas de seu próprio pai. Essa foi a minha situação quando criança. Isso pode até se tornar uma fortaleza geracional ou cultural que é transmitida de pai para filho por séculos. Famílias européias geralmente mostram muito pouco afeto ou ternura; Pais asiáticos são geralmente baseados em vergonha e têm expectativas muito altas de desempenho bem-sucedido de seus filhos.
- O pai ausente. Esse pai é aquele que não está mais presente fisicamente no lar. Isso pode ter sido causado por morte, divórcio ou abandono. Esta foi definitivamente a minha situação porque o pai foi morto na guerra. Isso pode deixá-lo com tremenda dor no núcleo oculto de um grande vazio de ausência de pai. Você nunca sente que tem um lugar seguro

para encontrar conforto, segurança e afirmação. Alguém que cresceu sem o pai.

- O pai autoritário está mais interessado no amor à lei do que na lei do amor. Eles vão além dos pais orientados pelo desempenho e exigem severamente a obediência imediata e inquestionável de seus filhos. Não existe uma relação emocional real que seja promovida entre o pai e o filho. As únicas emoções que parecem estar presentes são intimidação, medo e controle. As crianças criadas em tais lares geralmente vêem Deus como o grande disciplinador nos céus, para ser temido e obedecido. Eles se esforçam para atender às Suas exigências e acabam como servos ou escravos da lei, em vez de filhos e filhas íntimos que o Pai ama.
- O pai abusivo. Este é o pai que está se tornando mais comum em nosso mundo atual. Esses são os pais que verbalmente, emocionalmente, fisicamente ou abusam sexualmente de outras pessoas no relacionamento familiar. Isso novamente é totalmente contra a natureza do Pai Deus e não é o que um pai deveria ser. O abuso sexual cria uma das feridas mais profundas que uma criança poderia receber, pois muitas vezes resulta em tremenda dor no núcleo oculto.

Apêndice E

Problema de Mãe

De Shiloh Place Ministries School

As mães são as principais cuidadoras e distribuidores de amor *storge* nos primeiros dois anos de vida da criança. *Storge* é uma palavra grega que significa "afeição natural", como a dos pais para os filhos.

O amor de *Storge* é demonstrado em três formas principais pelas mães.

Uma é através do toque carinhoso. Os médicos provaram cientificamente que sem uma dose diária regular de toque afetivo, o corpo e as emoções tornam-se insalubres.

Em segundo lugar é através do contato visual. Os olhos são as janelas da alma, onde o amor é comunicado a uma criança. Se as crianças não enxergarem a compreensão, olhares amorosos aos olhos dos pais, isso pode deixar uma ferida que permanece sem cura por toda a vida.

Por último, através do tom de voz. Os tons amorosos alimentam a alma e ajudam as crianças a se sentirem aceitas e valorizadas, dando-lhes a confiança de que necessitam para se libertarem do medo da rejeição e do fracasso. Quando uma mãe pega seu bebê, o amor, o conforto e a ternura começam imediatamente a fluir através dela para aquela criança. Ela está demonstrando amor storge.

A falta de amor *storge* leva a Eros amor insalubre durante a puberdade. Eros é a palavra grega para atração física e sexual. Aqueles que não recebem quantidades saudáveis de storge quando crianças podem ter impulsos sexuais, impulsos, compulsões, vícios e fantasias incontroláveis. Uma pessoa também pode ter a incapacidade de estabelecer relacionamentos não sexuais baseados no amor e não na luxúria. Isso pode ter efeitos devastadores nos relacionamentos futuros de uma pessoa e pode levar a outros problemas ao longo da vida.

Como adultos, as pessoas que foram privadas de amor durante a infância tentarão satisfazer sua necessidade não curada através de

Eros e sexo. Isso geralmente resulta em dependência de pornografia e masturbação, mas eles estão realmente procurando por intimidade, nutrição e conforto. Se minha mãe tivesse escrito uma carta de despedida para eu ler mais tarde na vida, então o que.

Até que a nossa necessidade de amor storge seja satisfeita, somos vulneráveis à tentação sexual. Muitas vezes não temos a capacidade de nos preocupar com as necessidades dos outros. Nos falta a capacidade de sermos íntimos e atenciosos. Falta-nos empatia e compaixão e valorizamos as pessoas apenas pelo que podem fazer por nós. Isso certamente me descreveu.

Essa carência se mantém em nosso relacionamento com Deus, pois valorizamos o que Ele pode fazer por nós, mas não temos noção do que é intimidade e amor. Temos um vazio profundo que nunca podemos satisfazer. Pode levar a um ciclo de ferimentos que pode terminar em sentimentos de desespero e que a vida é dolorosa demais para se viver. Uma pessoa pode sentir que eu gostaria que Jesus voltasse e me levasse para casa.

Sobre o Autor

Bruce Brodowski

Bruce Brodowski é presidente e fundador da cicatrização Carolinas Ecumenical Healing Ministries (CEHM) juntamente com sua esposa Ellen. CEHM é um 501(c) (3) organização sem fins lucrativos registrada na Carolina do Norte. Ele escreveu três livros e publicou quatro. Estes livros se concentram em ajudar as pessoas a se aproximar mais do coração do Pai e do Seu amor.

Em 1995, depois de meses de orar a Deus para usar ele em um ministério de cura e oração, Bruce acordou e ouviu o Pai dizer, "Estou te chamando para um ministério de cura."

Nos anos seguintes, ele serviu junto com Ellen dirigindo as equipes de intercessão e oração nos comitês. Eles são graduados dos dois anos de treinamento ministerial leigo da Diocese de Charlotte. Eles também são membros da FCTH / EUA (Fellowship of Christ the Healer / USA), uma reunião ecumênica de clérigos e leigos em vários ministérios cristãos de cura nos Estados Unidos. Bruce é um ministro licenciado de um ministério itinerante através da Apostolic Network of Global Awakening (ANGA). Em março de 2008, eles estavam em uma missão de cura em Coban, na Guatemala. Eles também foram ao Brasil duas vezes (2010, 2013), onde viram os cegos verem, os coxos andarem e os surdos ouvirem.

Eles receberam treinamento extensivo da Christian Healing Ministries, que é dedicado a orar com aqueles que precisam de cura nas áreas físicas, emocionais e espirituais de suas vidas. O CEHM também utiliza treinamento de outras fontes, como Elijah House, SOZO, Embracing the Father's Love de Shiloh Place Ministries, e Global Awakening School of Healing.

O CEHM acredita que Jesus cura através do ministério da oração. Bruce agora está pregando / ensinando e está prestes a realizar seminários sobre "Curar Feridas Emocionais de Infância em adultos feridos"

**Mais Livros
Pela
Carolinas Ecumenical Healing Ministries
no
Amazon.com**

www.ingramcontent.com/pod-product-compliance
Lightning Source LLC
Chambersburg PA
CBHW072004040426
42447CB00009B/1486
* 9 7 8 0 9 8 2 6 5 8 1 6 1 *